A História da Senhora Pombagira Rosa do Lodo

A Guardiã do Amor

Iara Fátima Drimel

A História da Senhora Pombagira Rosa do Lodo

A Guardiã do Amor

MADRAS®

Editor:
Wagner Veneziani Costa

Produção e Capa:
Equipe Técnica Madras

Revisão:
Arlete Genari
Silvia Massimini Felix
Renata Assumpção

Dados Internacionais de Catalogação na Publicação (CIP)
(Câmara Brasileira do Livro, SP, Brasil)

Drimel, Iara Fátima
A história da senhora Pombagira Rosa do Lodo :
a guardiã do amor / Iara Fátima Drimel. —
São Paulo : Madras, 2008.
ISBN 978-85-370-0389-3
1. Mistério 2. Pomba-gira - História 3. Umbanda
(Culto) I. Título.
08-06189 CDD-299.67

Índices para catálogo sistemático:
1. Pomba-gira : Teologia de Umbanda : Religiões
de origem africana : História 299.67

MADRAS EDITORA LTDA.
Rua Paulo Gonçalves, 88 — Santana
CEP: 02403-020 — São Paulo/SP
Caixa Postal: 12299 — CEP: 02013-970 — SP
Tel.: (11) 2281-5555 — Fax: (11) 2959-3090
www.madras.com.br

Índice

Prefácio 7

Capítulo 1:

A Vida de Ane Marie 9

Capítulo 2:

De Escrava a Liberta 15

Capítulo 3:

O Altar dos Infelizes 19

Capítulo 4:

O Reencontro com o seu Verdadeiro Amor 25

Capítulo 5:

Dois Caminhos, um Destino 33

Capítulo 6:

O Ajuste de Contas com o Passado 37

Capítulo 7:

A Queda como Guardiã do Amor na Luz 43

Capítulo 8:

A Traição 47

Capítulo 9:

Conhecendo a Verdade 53

Capítulo 10:

Aceitando Novos Desafios 57

Capítulo 11:

Adentrando em Domínios Inimigos 63

Capítulo 12:

Conhecendo o Trabalho Socorrista 71

Capítulo 13:
Visitando a Colônia Espiritual 75
Capítulo 14:
Megahon, um Monstro ou Outro Amor? 81
Capítulo 15:
Um Desabafo de um Guardião nas Trevas 87
Capítulo 16:
Culpada Também com Rajado e Negão 93
Capítulo 17:
Festas São Prazeres e Negócios 97
Capítulo 18:
Uma Lição a Aprender 105
Capítulo 19:
O Triste Encontro com Mãe Nanã Buruquê 111
Capítulo 20:
A Fortaleza da Ilusão 119
Capítulo 21:
O Confronto com Lorth 123
Capítulo 22:
Os Vampiros Sexuais 131
Capítulo 23:
A Luta do Bem contra o Mal 137
Capítulo 24:
Aprendendo com a Rainha 143
Capítulo 25:
Ganhando Mistério de Pai Obaluaiê 149
Capítulo 26:
Assumindo o Grau de Pombagira 153
Capítulo 27:
O Nascimento de uma Nova Religião 159
Capítulo 28:
Informações Importantes 165

Prefácio

Que a paz e o amor reinem a todos os filhos do meu Pai Olorum.

Já havia necessidade de contarmos um pouco sobre o mistério Pombagira.

Muito se sabe sobre Exu hoje em dia, e muitos acreditam que o mistério Pombagira é o mesmo, só que no feminino, mas estão enganados. Cada um tem no seu mistério um diferencial que os torna únicos.

Concordamos em descrever uma história pequena e simples, mas não menos importante, e com muito fundamento sobre as Guardiãs do Amor nas esferas negativas.

Esta história é bastante particular, e talvez muitos não acreditem na narração da Senhora Rosa do Lodo porque desvenda mistérios que a poucas Guardiãs foram concebidos por desejarem, pelo Amor, retribuir a oportunidade que tiveram de evoluir, e de todas as maneiras ajudar no resgate cármico de muitos espíritos tolos e despreparados que caíram em seus negativismos e, assim, aliviar um pouco mais a sua "culpa" e servir ao Amado Pai Maior.

A Senhora Rosa do Lodo se propôs a desvendar de maneira clara e simples as conseqüências de uma vida errada por falta de conhecimento e de fé no Amor Divino.

Tenho certeza de que, quem abrir seu coração, se desnudar de toda e qualquer crendice e preconceito sobre o mistério Pombagira, vai se encantar e, com isso, poderá se beneficiar do Amor dessas Guardiãs que servem o Alto do Altíssimo pela sua Esquerda.

Desejo a todos uma boa leitura, e que o Amor prevaleça em seus ideais.

Que o Amor Divino abençoe suas vidas no Caminho da Seara de Luz.

Mãe Oxum do Coração

Capítulo 1

A Vida de Ane Marie

Olá,

Quero contar minha história em poucas palavras.

Fui uma garota sem muitos limites. Meus pais não se importavam comigo, tinham atitudes libertinas na frente dos filhos. Então, cresci como uma largada, ou, como muitos diziam: "como o Diabo gosta".

Corpo delineado, cabelos longos, olhos e boca sensuais e, acima de tudo, maliciosa e perversa.

Perdi a virgindade muito cedo, com um amigo de meu pai. Tinha mal completado 11 anos de idade, mas já deixava qualquer um de "água na boca".

Bem, não preciso dizer que com a falta de pais sensatos e equilibrados me viciei logo cedo, e o pior é que foi dentro de casa mesmo, em cigarros, bebidas e sexo.

No início era por curiosidade e até por prazer, depois percebi que poderia ganhar fazendo o que todo homem gostava. Eu cobrei caro de todos os que quiseram se deitar comigo, inclusive até com mulheres tive orgias.

Fui ficando rica, famosa e com dinheiro; fui morar sozinha e me arrumava como uma princesa. Não havia o que queria e não possuía; tudo era colocado aos meus pés.

Meus pais não se importavam, ganhavam uma boa mesada minha.

Acontece que, mesmo com a chegada da idade, me tornei mais linda ainda, a maturidade deixava-me mais sedutora.

Ao mesmo tempo em que conquistava fama com a maioria dos homens e mulheres, havia quem me odiasse, quem eu pisasse, humilhasse e ofendesse.

Eu não era uma boa pessoa, era verdadeiramente má, destruía quem quer que fosse; se eu não simpatizava com a pessoa ou ela não me fazia agrados, não demorava muito e estava desmoralizada, em ruínas perante toda uma sociedade francesa capitalista, cruel e cheia de falsas morais.

Foi então que arquitetaram um plano para me destruir. Em uma armadilha, quando estava em visita a um bonito parque acompanhada de um belo rapaz, pago para me cortejar e me levar até a emboscada, fui obrigada a acompanhar certos "homens" a um lugar sombrio. Talvez você se pergunte por que não pedi ajuda ou corri, mas estava com uma faca encostada em minhas costas, imaginava que queriam apenas se divertir, no início achei engraçado, pensando ser alguma fantasia maluca de algum admirador. Estava enganada.

Levaram-me para uma casa abandonada, suja; foi então que percebi que estava em perigo, e comecei a achar nenhuma graça.

Vendo-me em situação tão delicada, fiz algo que não me lembrava mais de fazer: chorar de medo, preocupar-me com a minha vida, pedir para me soltarem.

Realmente fiquei desesperada, aflita e com muito medo.

Não precisei esperar para saber a quem eu tinha provocado tanta ira: Bernardete, mulher da sociedade, rica, a quem em público humilhei, ofendi e fiz perder a dignidade e o marido, pelo simples fato de gostar – reparem, gostar – e não amar o seu marido. E pelas provocações que ela pagava para imprimir nos folhetins locais, eu acabei com a imagem de mulher da sociedade, séria, caritativa, esposa dedicada.

Ela jurou se vingar, mas eu nunca levava nada a sério; havia vários policiais e até mesmo autoridades e políticos que me protegiam, pois eram meus clientes e não gostariam de ter seus nomes envolvidos em escândalos.

De nada adiantava suplicar seu perdão, demonstrar o meu pavor. Sua atitude era a mais fria e cruel que já tinha presenciado.

Começou o espancamento, fui torturada, marcada; a sua intenção era fazer com que eu sentisse dor, humilhação.

Ela, sentada, ordenava a tortura. Fiquei desfigurada e, quando não agüentava mais, jogaram-me na praça onde horas antes passeava.

Já era tarde da noite, não havia muitas pessoas na rua e ninguém ousou ter um pouco de humanidade e me socorrer. Estava totalmente irreconhecível: além dos hematomas, perdi dentes, tinha cortes pelo corpo todo, inclusive no rosto. Somente ao amanhecer, policiais em ronda chamaram a ajuda médica.

Fui levada a um abrigo em que se cuida de indigentes, para acabar de morrer. Nessa hora, ninguém demonstrou sequer caridade em procurar um familiar meu. Reconheceram-me por causa do anel que ostentava em minha mão direita, uma jóia de inestimável valor – ganhara de um príncipe árabe durante uma visita à França, acontecimento que abalou muitos na alta roda da sociedade burguesa – e que foi roubada assim que cheguei ao abrigo.

Estava naquele ambulatório sozinha, sem quase atendimento algum por me tratarem como uma indigente, lançada à minha própria sorte.

Levei três dias em estado de agonia até o meu desencarne que, para outra surpresa minha, não aliviou minhas dores. Ao contrário, entrei em profunda demência ao ver seres monstruosos à minha frente, ouvir vozes me fazendo cobranças que eu achava indevidas; com dores pelo corpo todo, queria correr e não conseguia.

Amaldiçoei a todos e a tudo. Minha vontade era de pular no pescoço da maldita Bernardete, mas estava paralisada. O que eu poderia fazer?

Comecei a chorar, soluçava tamanha eram a minha dor, medo e angústia. De repente, senti algo me puxando. Consegui ver duas patas enormes em meu corpo, não olhei mais nada, pois desmaiei tamanho foi o impacto que tive. Quando acordei, percebi que me encontrava em outro local, pude reparar no que havia me pegado. Era um ser monstruoso que, ao me ver acordar, gargalhou e disse que estava na hora de ele voltar a brincar, ou seja, brincar comigo. O medo foi tanto que novamente perdi os sentidos.

Na segunda vez que acordei, senti-me pior, estava com mais dores e toda melada de uma substância grudenta, principalmente no meio de minhas pernas. Dessa vez o monstro olhou para mim e falou que aquilo era só o começo, que ele e depois, mais outros fariam comigo aquilo de que eu gostava: sexo.

Fiquei apavorada, tentei fugir, parecia que então ele gostava e me torturava mais e mais. E a cada retorno de minha lucidez, deparava-me com um monstro diferente. Todos me esgotavam e me machucavam sexualmente. Não sei quanto tempo passei por essas violentações.

Em determinado momento, percebi que meu corpo estava deformado, mutilado, nojento, eu parecia um monstro igual àqueles que me torturavam. Já não mais importavam a dor, a sujeira, o odor fétido das bestas que ali se encontravam. Eu queria apenas estar em meu quarto, ser bela e poderosa de novo. Não entendia como alguém como eu, que quando encarnada era linda, poderosa, rica, conhecedora de pessoas importantes, estava naquela situação. Eu sempre conseguia o que queria. Todos os homens importantes haviam passado pelo meu quarto e ofertado presentes dignos de uma rainha. Acredito que estava começando a ficar dementada totalmente.

Começaram a passar em minha mente fases de minha vida encarnada, e percebi que nunca rezei para santo nenhum, muito menos para Deus.

Escutava, como se fosse um sopro em meus ouvidos, uma voz de mulher pedindo para que eu suplicasse perdão a Deus pelos meus erros.

Foi difícil entender que estava errada, e voltava aos meus delírios e torturas. Por quanto tempo as vozes e as imagens em meu pensamento ficaram comigo, não sei dizer, mas sei que me acompanharam por muito tempo.

Quando só restava um corpo fragmentado, um mental a ponto de se tornar dementado totalmente, minhas esperanças de voltar a ser o que eu era já não existiam mais. Voltei a chorar, um choro que saiu de dentro do coração, de arrependimento, e supliquei com todas as forças que restavam:

"Senhor Deus, Pai de todos nós, generoso e bondoso o Senhor é, perdoe os meus erros, os caminhos tortuosos que tomei como meus, as injúrias, as calúnias, tudo que de ruim saiu de minha boca sem escrúpulos.

Perdoe o que meu corpo fez de pecaminoso, Senhor, acredito que não tenho o direito de dirigir-Lhe essas palavras, talvez o meu lugar seja esse, no meio desse lodo e desses monstros todos, mas eu preciso limpar os meus pensamentos de tantos erros que cometi em tão pouco tempo que estive na carne.

Peço-Lhe apenas uma oportunidade para aprender o que é certo aqui, Senhor, não agüento mais esse tormento por algo que já fiz e acredito que já paguei.

Peço-Lhe, Senhor, que não esqueça de mim como eu O esqueci, por não tê-Lo conhecido naquela vida de prazeres."

Chorei com um sentimento melhor no coração. Daquele momento em diante, os monstros não mexeram mais comigo. Vigiavam-me, seus olhos esbugalhados e vermelhos não se desviavam de mim, porém não ameaçavam mais.

Fiquei um bom tempo em paz, sem ser molestada, porém as dores e os tormentos mentais, esses eram constantes.

Já conseguia deslocar-me de um canto para outro da gruta em que me encontrava, quando pude observar um burburinho mais ao fundo. Como se fosse importante e sem medo, rastejei até o mais próximo do local. Nisso eu consegui ver e ouvir uma mulher conversando com aquele monstro que me recebera após o meu desencarne. O fato curioso é que ele não tentava possuí-la. Digo isso porque, apesar de estar usando uma capa longa, que escondia a maior parte de seu corpo, o que estava à mostra era lindo, de uma beleza sem igual, deixando até a mim, se estivesse encarnada, com inveja de tal beleza escultural. Sua voz, apesar de estar dura, era serena e melodiosa. Ela conseguia se impor sem precisar se alterar, enquanto o ser demoníaco vibrava ódio pelos olhos. Lembro-me até hoje de suas palavras:

— Seria bom haver paz entre nós, Hagashor. Eu já a solicitei há muito tempo e você não respondia aos meus chamados.

— Não é justo a retirada dela, ainda não esgotei tudo o que ela merecia; por que não a deixa comigo? – bradava o monstro em total desespero.

— Hagashor, as ordens, você as conhece muito bem. Não se desespere, infelizmente sempre caem muitas em seus domínios, e o que fez com essa irmã já passou até dos limites da Lei.

— Toda vez é a história da Lei. Daqui a pouco começa a ladainha do Amor, isso é que eu não vou suportar.

— Não sabia que você já decorou a minha retórica sobre o Amor. Quem sabe um dia eu não faça você presenciar de novo esse sentimento tão divino?

— Agora está começando a querer se intrometer no meu caminho. Chega de conversa, essa só vai sair daqui quando eu quiser, e tenho bons motivos para até guerrear com você.

— Hagashor, Hagashor, meu amigo, não vamos chegar a essa situação, o passado já não é mais importante, deixe-a. Você já fez com que ela sentisse o gosto do sexo sem limites. Não estou disposta a ter de empunhar minha espada contra você.

— Rainha, isso é injusto; por que toda vez é assim? Já não basta aqueles que você vive recolhendo em todo o caminho que percorre?

— Isso é comigo e sabe que tem de ser assim, ou também não basta quando eu esvazio suas cavernas dos espíritos que esgotou totalmente? Se quiser, eu levo apenas essa e nunca mais apareço por aqui. Pense sobre isso, Hagashor: ou eu tiro hoje um espírito para continuar sua evolução na minha forma de Amor ou nunca mais apareço aqui.

— Com você não se pode negociar, leve-a; enfim, o que faço sem você por aqui, ou sem suas festas? – falou maliciosamente o monstro.

— Viu como é importante negociar comigo? Afinal, não são todos que têm o prazer de conviver ao meu lado.

Eu não estava entendendo naquela conversa quem era que eles estavam negociando. Consegui perceber que aquela mulher devia ser um Anjo para conversar calmamente com um monstro sem escrúpulos.

Estava escondida escutando a conversa e, de repente, apareci na frente dos dois sem entender como foi que fui parar lá.

— Aqui está, Rainha, além de tudo é bisbilhoteira, essa vagabunda.

Estava tremendo inteira, mas, ao mesmo tempo, me sentia confiante de que pelo menos iria sair dali, pois percebi que era eu o objeto negociado.

Aqui faço um parêntese para dizer que eu não menti, contei sobre a minha vida em poucas palavras, uma vida em que não aproveitei a oportunidade para evoluir, uma vida de encarnada em que consegui atrapalhar toda uma chance que me foi concedida para regenerar meu comportamento errado.

Acaba aqui a narração da minha vida como Ane Marie, francesa, rica, conhecida como a melhor e mais famosa Dama da Noite, destruidora de lares, impiedosa, ambiciosa, inescrupulosa, para começar a recuperação de toda uma jornada interceptada pelo humanismo.

Capítulo 2

De Escrava a Liberta

Voltando à caverna, os dois ainda conversaram um pouco sobre outros "negócios" e fui levada por minha nova dona para um lugar que também era aterrorizante, mas não havia nenhum espírito sendo torturado. Mesmo assim, comecei a pensar o porquê de ser levada por uma mulher que eu não conhecia a um lugar escuro, feio, infestado de seres femininos e masculinos, sim, porque não eram todos humanos, muitos tinham a forma diferente, pareciam monstros, apenas eram mais calmos do que aqueles que me torturavam.

Comecei a ficar novamente com medo, estava esperando o espancamento, a tortura sexual, quando aquela mulher que eu acreditava ser um anjo no início, olhando firmemente, dirigiu-me a palavra:

— Por que estás com medo? Aqui ninguém vai molestá-la, ao contrário, todos a ajudarão no que for necessário para poder ser minha auxiliar e desenvolver um bom trabalho.

— Serei sua escrava? Nunca trabalhei, não sei o que fazer. Sempre fui patroa e não empregada.

— Acredito que você não entendeu. Aqui quem manda sou eu, o que vai fazer não será nada difícil, pois como cortesã aprendeu muitas coisas e será útil para o que virá a fazer.

Comecei a chorar e, pela primeira vez, arrependi-me de ter sido o que fui. Estava sendo humilhada por todos que encontrava; até aquela que acreditei ser um anjo, falava-me com aspereza longe daquele ser medonho.

Não sei onde foi que encontrei forças, mas me ajoelhei e gritei, clamando a Deus:

— Senhor Deus, por que sou tão desprezível que nunca consegui dirigir-lhe uma palavra? Sei que estou sendo punida e só agora peço-lhe que me perdoe e que eu possa recomeçar tudo de novo e não errar novamente. Não quero mais essa vida de cortesã; na verdade, agora vejo que nunca fui feliz, sempre acreditava que possuindo mais poder eu seria amada de verdade e seria feliz. Percebo que não quero mais essa vida. Será que esse estigma não acabará jamais? Terei de passar toda a eternidade sendo violentada ou sendo cortesã? Não quero mais ser estuprada por esses monstros. Estou de joelhos, Senhor Deus, e com todo o meu arrependimento, com todo o meu remorso, eu rogo que me perdoe.

As lágrimas caíam de meus olhos, prostrei-me ao solo e chorei bastante. Quando serenei um pouco, senti que me abraçavam e acariciavam meus cabelos. No que levantei minha cabeça, vejo aquele anjo novamente com um sorriso no rosto, olhos úmidos, e com delicadeza e ternura levantou-me do chão, abraçou-me e só então percebi que meu corpo não doía mais, que estava limpa e tinha novamente roupas a cobrir o que antes era só carne putrefata.

— Até que enfim, minha irmã, mostrou-se digna de seguir o caminho do Criador.

— Por que só agora me abraça e fala-me com carinho? Se sou sua escrava, por que tanta deferência agora?

— Não poderia ajudá-la sem antes ter certeza de que estava arrependida e querendo mudar, seguir o caminho do nosso Amado Criador, demonstrando do seu interior o desejo de servi-Lo sem recompensas que não fossem as da evolução espiritual. Eu precisava senti-la desejosa de mudanças, de saber qual era a intensidade do seu arrependimento.

— Então não serei mais sua escrava, poderei sair desse lugar horrível?

— Aqui ninguém é meu escravo, e sim meu auxiliar. Quanto ao lugar ser horrível, é por que não conhece nada além daquela gruta onde vivenciou o sexo da sua forma mais brutal.

— Há lugares piores do que aquele inferno?

— Sim, lugares em que você saberá andar de olhos vendados se for necessário, porque comigo aprenderá a servir o nosso Amado Criador onde for preciso.

— Noto agora que eu não fui perdoada, estou cada vez ficando com mais medo do que estava na caverna; lá eu sabia o que acontecia, agora só tenho promessas de trabalho e em locais piores.

— Ane Marie, precisa se desfazer de alguns conceitos, inclusive do que é bonito ou feio, e sim acreditar no que é necessário e útil, porque as coisas que presenciou e que irá vivenciar foram e serão necessárias para a evolução do ser humano.

— Mas que seres humanos? Aqueles que me violentaram não eram humanos e, desculpe, mas aqui muitos não são seres humanos.

Enquanto eu falava, não percebia que se aproximava uma cobra negra rajada de dourado e azul (eram listras bem fininhas) e um enorme cachorro todo negro de olhos bem vermelhos que, ao me ouvirem falar aquilo, foram logo dizendo:

— Princesa, por que não gosta da gente? Se foi por sua ajuda que estamos aqui?

— Deixe que eu e o rastejante mostremos a ela o que é ser um monstro.

Desesperei-me quando aqueles dois seres dirigiram a palavra a mim, foi horrível escutar o que eles falavam, principalmente quando soava verdadeiro, mas eu não sabia o que era, muito menos me lembrava de uma cobra naja e um cachorro-lobo na minha vida. Eu estava gélida e com os olhos arregalados quando aquele anjo intercedeu:

— Vamos parar com isso. Ela ainda não se lembra de nada a não ser de sua última encarnação, por isso ela andará conosco até que comece por si mesma a se lembrar o porquê de estar aqui.

— Mas, Rainha, ela não é digna de confiança, lembra o que já nos fez? E quero lembrá-la de que a Senhora também já foi traída por ela – resmungava a cobra com suas presas à mostra e com o pescoço todo inflado.

— Não vamos mais ter sossego com ela em nosso meio. Estaremos sempre tensos com sua companhia. – e com seus caninos enormes o cão falava com a Rainha sem desviar os olhos de mim.

— Por que eles sentem tanta raiva de mim? Eu não os conheço e por minha vontade fico sem conhecê-los, não gosto nem de cachorro, muito menos de cobra...

Antes de terminar o que falava, os dois avançaram contra mim e, por minha sorte, foram barrados pelo cajado que a Rainha segurava na mão esquerda.

— Chega de indiferenças, o que aconteceu já faz muitos séculos e cada um teve sua parcela de culpa, caso contrário não estariam aqui.

— Mas a senhora não... – a cobra não terminou o que começou a falar porque foi impedida pela ordem de sua Rainha:

— Venha, Rajado, tome o seu lugar.

— A senhora é quem manda, patroa. – E ela subiu no ombro dela.

— Negrão, vamos juntos, hoje o trabalho não será fácil.

— Eu vou ficar aqui sozinha? – comecei a choramingar de medo em pensar de ficar só naquele lugar estranho.

— Hoje ficará aqui com os meus auxiliares; quando voltar, conversaremos e começaremos o seu treinamento.

— Deixe, por favor, eu ir junto?

— Não, já disse que ficará. Tenho de resolver um problema particular e não posso ter nada a mais para me atrapalhar.

Disse essas palavras com uma fisionomia preocupada, mas notei que sua voz estava triste ao falar.

Não sabia o que fazer, tinha medo de ser atacada, mas também não queria fugir, eu não saberia para onde ir. Fiquei sentada perto de uns arbustos secos, muitos daqueles seres passavam por mim com olhares curiosos, mas não chegavam perto.

Fiquei observando que tudo ali, de alguma forma que eu não entendia, se harmonizava, era muito calmo, todos se respeitavam, pelo menos ninguém maltratava ninguém, parecia haver respeito.

Reparei que todos tinham uma luz no coração, era como se no local do coração houvesse mais claridade, os olhares eram meigos e, quando sorriam, era de uma ternura que não combinava com aquele local. Comecei a reparar que havia uma parcela de humanismo naqueles seres, uma forma de humano que comecei a observar em seres que não possuíam formas humanas.

Bem, se ali não era um lugar bonito, pelo menos era mais agradável do que o outro onde eu estava.

Capítulo 3

O Altar dos Infelizes

As horas estavam passando, é verdade que eu não tinha relógio, mas percebia, pelo vaivém dos seres, que muitos já haviam passado pela minha frente muitas vezes, e olhe que demoravam para voltar. Estava ficando cansada da espera e acreditando ter sido esquecida, quando alguém tocou no meu ombro. Apavorei-me e dei um grito de susto, quase saí correndo, se não fosse pela risada da garota que me segurou.

— Ei, aonde vai? Como se assusta fácil, nem parece quem me falaram!

— Quem é você? Por que me assustou desse jeito?

— Eu não queria assustar, só vim porque fui mandada. Você precisa conhecer o nosso Recanto e ser esclarecida sobre algumas coisas.

— Então por que só chega agora, depois de tanto tempo que estou aqui sozinha?

— Bem, eu sou a Madeleine e só vim quando a nossa Rainha pediu-me que cuidasse de você, ou seja, eu só soube de você agora. Tente ser mais agradável porque até agora não conseguiu fazer amigo nenhum, e olha que a Rainha me disse que você era agradável.

— Quem é essa Rainha que todos, pelo que observei, respeitam e tratam como se fosse uma rainha mesmo?

— Veja como fala. Não é essa "rainha", e sim a Rainha dos Desamados ou dos não amados. Todos a tratam com muito respeito e, quem pode, também com muito amor, pois é ela quem intercede e ajuda a muitos caídos. Foi ela quem intercedeu por você, ajudou-a e tirou daquele Trono negativo.

Consegui irritá-la com o meu mau humor, mas segui em frente com o questionamento.

— Realmente começo a acreditar que não sou nada mesmo, não consigo pensar em nada certo. Por que me fala que eu deveria ser mais agradável? E por que ela pediu para você cuidar de mim? A Rainha não quer mais saber de uma pobre cortesã?

— Pára com isso, a Rainha me mandou porque ainda não conseguiu resolver o problema particular, que na verdade não é só particular, mas é do coração dela e de muitas também, por isso serei sua cicerone e irei lhe mostrar coisas que você nunca imaginaria que aqui pudesse ter. Agora, quanto a quem você é, não conseguiu se lembrar de nada ainda?

— Não, só me lembro de quando era uma prostituta de luxo e que arruinava a vida de muita gente, inclusive acabei arruinando a minha própria.

— Bom, não serei eu que vou contar nada. Vamos começar o nosso passeio. Sabe volitar?

— Não, o que é isso?

— É, estou vendo que precisarei ensinar tudo mesmo a você.– Madeleine, com seu jeitinho de garota entrando na puberdade, pegou a minha mão e fez com que fôssemos a outro lugar em um fechar de olhos, o mesmo que aconteceu na caverna, só que agora eu aprendendo a me transportar sozinha e com muita rapidez.

Quando consegui dominar a técnica para volitar de um lado para outro, Madeleine pegou a minha mão, coisa que não precisava mais, dizendo que assim era como se fôssemos duas irmãs passeando.

Realmente, sentia-me uma adolescente ao seu lado, pois não parava de falar.

Olhava tudo com muita curiosidade. Era difícil acreditar que havia um lugar que enganava seu tamanho.

Madeleine primeiro fez uma parada no Altar dos Infelizes. Esse Altar era uma elevação rochosa de tamanho pequeno, que se assemelhava a um pequeno oratório, porém feito de pedras e muito simples.

Assustei-me quando olhei bem de perto, porque ele era horrível, escorria uma espécie de lama, seu cheiro não era agradável, escutava gemidos e lamentos mortificantes.

Madeleine reverenciou o monumento e explicou-me:

— Ane Marie, aqui todos vêm depositar suas tristezas, suas angústias, suas dores e lembrar-se de que nós fomos agraciados pelo Criador por termos a oportunidade de sermos recolhidos pela nossa Protetora, e que muitos irmãos nossos se encontram perdidos no desespero de não amarem, de não acreditarem no Senhor Criador, nosso Amado Pai.

— Mas como pode isso estar vertendo tantas melecas, como essa lama que não pára de escorrer?

— Isso é porque muitos ainda estão perdidos em suas lamentações, muitos seres humanos não conseguem olhar mais nada além de suas próprias dores.

— O Altar dos Infelizes é muito usado?

— Aqui todos vêm pelo menos uma vez, parece até um ritual, porque todos que para cá são trazidos, em primeiro lugar, quando chegam, são levados para conhecer o "Nosso Recanto do Amor do Divino Criador", ou apenas "Nosso Recanto", como é chamado. Eles são trazidos para conhecer o Altar das infelicidades humanas.

É certo que muitos, quando voltam pela segunda vez, isso sem mencionar quando servimos de cicerones, é porque estão sem forças para continuar, vêm aqui buscar vibrações positivas de dentro do seu ser; é porque não querem que novamente as suas energias negativas se tornem espelho dessas que você esta presenciando.

— Vou me lembrar muito bem desse Altar para não precisar voltar nunca mais aqui, isso é muito horrível de se ver ou sentir. Madeleine, antes de irmos posso fazer uma pergunta?

— Sim, se eu puder responder, farei com todo o prazer o que for possível explicar.

— Essa fonte de energias negativas, como você diz que são, não deixa o Altar sobrecarregado demais?

— Muitas vezes, quando acontece uma desgraça mundial, dele escorrem energias mais densas e escuras. Aí a Rainha, ou quem estiver responsável, tem de usar de todos os recursos para amenizar tanto sofrimento. Mas isso também acontece porque o Criador assim o quis e nós só obedecemos às suas vontades.

— Então quer dizer que toda a desgraça da humanidade vem parar aqui nesse Altar?

— É isso que estou falando. Parece que é muita coisa, mas quem está nos domínios da Rainha dos Desamados pode imaginar o que um ser humano infeliz, que não se sinta amado, pode gerar de negatividade.

— Todas as energias vêm parar aqui?

— Não, só aquelas que foram geradas por falta de amor, ou por desconhecimento dele.

— Você pode me explicar melhor?

— Claro, veja só aquele ser humano que não amou verdadeiramente o Criador, porque estava mais interessado em se julgar o melhor, que dizia ser vencedor de tudo, sem destinar um agradecimento ao Amado Pai, porque para ele o merecimento foi só dele, esquecendo-se de que se ele conseguiu foi porque o Amado Pai assim o quis.

— E muitos são assim, não é mesmo?

— Sim, e tem aqueles que nunca se acharam amados, passam a vida inteira correndo atrás de pessoas sem nenhuma relação com elas, ficando infelizes, amarguradas e negativando-se por falta de se amarem e não tentarem vivenciar o Amor do Criador para que conseguissem encontrar um amor verdadeiro naquela vida encarnada. E muitas outras formas de Amor nós temos para relacionar e verificarmos que muito o Altar dos Infelizes ainda verterá de tristezas e mágoas humanas.

— Madeleine, espere, só agora vejo que o Altar está vivo, não são apenas as energias negativas que vertem dele, mas há lágrimas e tem movimento. Ele não é pedra pura?

— Não, Ane Marie, o Altar dos Infelizes é vivo, é uma criação do Amado Pai Maior; só ele, o Altar, consegue filtrar os sentimentos humanos, não os deixando sobrecarregados na esfera dos encarnados, pois, se fosse assim, a crosta terrestre seria tudo isso o que você está vendo. Toda essa lama, essas vibrações de choro, lamentações.

— Se o altar filtra, quer dizer que não é tudo que vem parar aqui?

— Só é trazido o excesso para a humanidade não se degenerar de todo.

Estava perplexa, nunca pensara em toda a minha vida que a falta de amor fosse tão prejudicial. Imaginei o quanto era ruim o sentimento de desprezo, que eu principalmente causei a tantos homens quando encarnada.

Saí dos meus pensamentos ao ver se aproximar uma mulher, que não se importou conosco e, ajoelhando-se em frente à Fonte, orou sentida e comovida prece:

— Altar dos Infelizes, Fonte dos não-amados, dar-lhe-ei minha palavra de que saberei plantar emoções carinhosas, sentimentos de amor verdadeiro. Quero não fazer novamente o que tanto já fiz. Farei o possível e o que for impossível para que de mim, e de quem estiver ao meu lado, verta sempre graças ao Pai Criador, ao Pai Amado que me ensinou a amá-Lo e à sua Criação. Se choro agora é de felicidade, em poder renascer no mundo dos encarnados e levar alegria e amor incondicional a todos. Um dia espero voltar, mas é para vê-Lo e agradecer novamente por amparar-me tanto sempre que precisei – meditou mais um pouco, levantou-se e alegremente foi embora, passando por nós com um lindo sorriso e com uma luz saindo de seu corpo, muito luminosa.

Madeleine se adiantou para poder responder o que estava me deixando curiosa.

— Ane Marie, essa irmã que vimos agradecer a oportunidade que ganhou, há muito tempo foi poderosa rainha de uma pequena cidade e cometeu atrocidades com todos os seus súditos; roubava maridos de esposas amadas, torturava donzelas que estavam prestes a se casar; aos homens que não aceitavam sua presença mandava castrá-los para não terem nunca mais prazeres, fazia orgias com crianças que mal entravam na puberdade, tudo só parou quando o seu filho único revoltou-se ao ver sua amada sendo violentada e morta a mando de sua mãe, aí ele mesmo a matou sem dó ou piedade.

— E o que aconteceu com ela?

— Não foi muito diferente do que aconteceu com você. Apenas o remorso fez com que ela se fechasse e ficasse impenetrável por muitos séculos, até que ela pôde ser resgatada, trazida para cá, melhorado e aprendido. Chegou a ir para uma colônia no astral superior, aprendendo o que era necessário, e agora vai reencarnar e terá como missão ser religiosa e recolher muitas crianças que já foram suas vítimas no passado.

— Madeleine, você disse que sua recuperação demorou séculos? A única rainha de que ouvi falar tais histórias como a que me contou, viveu na antiga Alemanha há mais de 2 mil anos.

— Sim, foi há muito tempo, e na época a Alemanha era conhecida com outro nome, era a região anglo-saxônica. O importante é que ela aprendeu e terá a chance de mostrar o bem e corrigir muitos erros cometidos.

— Como corrigir erros se o tempo não volta mais?

— É verdade que não é possível apagar o mal que ela fez, mas poderá auxiliar aqueles que tiveram suas vidas ceifadas por ela naquela época e perderam o rumo de suas evoluções... Bem, podemos conhecer outro lugar?

— Sim, estou curiosa para ver tudo o que posso conhecer.

Capítulo 4

O Reencontro com o seu Verdadeiro Amor

E de novo, de mãos dadas, dirigimo-nos a um salão onde eram confeccionadas as armas. Fiquei assustada pela quantidade de artefatos que se fabricavam ali. Madeleine se aproximou de um senhor já idoso, com feições muito calmas.

— Como vai, senhor Leon? Trouxe para conhecer a fábrica de armas a nossa irmã Ane Marie.

Notei que o calmo senhor ficou meio atordoado, inquieto:

— Como vai, senhora? Gostaria de conhecer a nossa humilde fábrica de armamentos?

— Sim, muito prazer, mas não é preciso me chamar de senhora.

— Desculpe-me, é a força do hábito.

— Ane Marie, você pode acompanhar o senhor Leon, que mostrará tudo a você enquanto fico aqui conversando sobre outras coisas. – Madeleine sorriu bem marota, deixando-me encabulada por ter de ir sozinha na companhia do mestre de armas.

Leon me mostrava tudo com muitos detalhes técnicos, coisa de que eu não entendia nada, porém fiz de conta que estava gostando, apenas para não contrariá-lo.

Dizia-me que a fábrica era necessária, pois sempre inventavam armas novas, poderosas, para muitos que viviam no astral inferior se defenderem de ataques das trevas. E, com a fábrica, muitos espíritos tinham com o que se preocupar. Mas disse-me ainda que os trabalhadores ali presentes eram todos pacíficos, que estavam continuamente em palestras sobre o Amor, e quando não havia necessidade de armas para defesa pessoal, fabricavam vários utensílios necessários para o trabalho no astral.

Andamos bastante, percebia que ele não estava tranqüilo com a minha presença, não agüentava mais porque eu também comecei a ficar desassossegada com a situação e perguntei-lhe:

— Senhor Leon, desculpe-me a ousadia, mas percebo que está intranqüilo ao meu lado. Há alguma coisa que eu não sei?

— Você não se lembra de mim?

— Não me lembro de nada; se puder me ajudar, ficarei muito grata.

— Ane Marie, nós já fomos muito íntimos e nos amamos muito. É lógico que eu não tinha essa idade e você tinha outro nome, mas continua linda como sempre.

— Eu não me lembro de nada, mas agora parece que tenho um sentimento bom pelo senhor.

— Tente se lembrar, comece querendo, assim tudo vai voltando, as recordações surgirão facilmente como em um conto.

— Por que esse sentimento de saudade? – rompi em choro, era uma mistura de saudade com a alegria do reencontro. Leon me abraçou e acariciava meus cabelos, beijando-os. Comecei a vê-lo mais novo, forte, um homem lindo e amável: era artesão, humilde, mas honesto, estávamos juntos, notei que éramos uma família, sim, eu era sua esposa, tínhamos três filhos pequenos e nos amávamos muito. Eu era feliz até que apareceram na cidade bárbaros que desgraçaram as nossas vidas. Em um ataque na cidade, violentaram as mulheres e as crianças, mataram muitos homens e roubaram tudo o que podiam. Leon estava viajando, levando seus utensílios para outros povoados; quando chegou, encontrou nossa casa incendiada, nossos filhos machucados e assustados pelo ato cruel por que passaram. Sua dor era tanta ao ver as crianças sofrendo que não sabia o que fazer, procurou-me e só foi achar-me longe de casa, nua, violentada e morta, com o pescoço quebrado. Eu havia lutado muito para proteger meus filhos, para proteger minha honra em nome do grande amor que sentia pelo marido amado que precisara estar longe naquele dia, conseguindo o sustento da família. Leon era o retrato da tristeza, do ódio, da dor.

Após o enterro e dos cuidados com os filhos, Leon entregou-os a uma irmã que morava na cidade vizinha e foi se alistar, queria vingança e achava que servindo como soldado conseguiria trazer de volta sua honra, que para ele estava enlameada. Quando perceberam que Leon não tinha jeito em manejar uma arma, descobriram que ele era ótimo fabricante delas. E assim, Leon se tornou um exímio fabricante de armas de guerra, terminando sua vida com muito ódio e tristeza no coração, por ter-lhe sido negada sua convivência com quem amou tanto: eu. Abraçada a Leon, eu chorava de soluçar, a saudade dava lugar à alegria do reencontro, do amor interrompido, da cumplicidade de duas almas afins.

— Vejo que já encontrou seu grande amor – surpresa, olho e lá estava ela, a Rainha, de volta de sua missão, abraçando-nos e felicitando-nos por minha memória estar se lembrando de fatos de minhas outras vidas.

— Ainda bem que se lembrou de Leon, já não agüentava mais vê-lo triste ocupando um posto que não é o seu.

— Como, Leon? Esse posto de mestre de armas não é direito seu?

— Não, Ane querida, mas isso não tem importância.

— Lógico que tem, Leon, sei que a história é meio comprida, então é melhor que você mesmo a conte.

— Mas, Rainha, eu...

— Nada disso, Leon, você terá o tempo que for necessário para contar-lhe tudo, e não será aqui, porque uma história tão interessante como a de vocês precisa de um lugar mais apropriado.

— Sempre é generosa, Rainha, sabe que a minha história é comum como a de muitos; além do mais, não tenho nenhum lugar que possa levar Ane sem ser essa fábrica de armas.

— Terá, se quiser, o meu Recanto particular.

— Mas é seu lugar de descanso e meditação, não posso invadi-lo para...

A Rainha, sempre calma, e com sua voz melociosa, não deixou Leon terminar. Falando e pegando em nossas mãos, levou-nos a um lugar maravilhoso.

— Vamos, Leon, eu não usarei o meu Recanto por um bom tempo, ainda tenho muitas providências a tomar, não terminei a minha missão e tenho muitos a recolher pelos caminhos por onde passarei. Então quero que você, que é meu grande amigo, cuide bem de sua amada e aproveite muito o tempo que permanecerão juntos.

— Não sei como lhe agradecer, minha Rainha amada.

— Você já me agradece sempre que esse sorriso aparece em seu rosto, e eu sei o quanto você sente saudade de sua amada.

Eu ficava só olhando, não sabia o que falar, muito menos o que fazer, só entendia que meu coração estava muito feliz, a minha alegria era enorme e queria apenas extravasá-la com quem eu sentia que era o amor que me faltou a última vida inteira.

A Rainha já estava indo embora e nós ali mesmo começamos a nos abraçar; sem se virar, ela, caminhando, falou por último:

— Espero que possam deliciar as belezas do Amor dentro do Recanto, atrás das portas que se abrirão caso vocês queiram, e que o corredor seja apenas o início desse reencontro.

Sorrimos e meio encabulados começamos a procurar a porta que se abriria para nós.

Fiquei admirada com a beleza daquele corredor. O lugar era algo nunca visto por mim. Não parecia um corredor, era mais uma ante-sala, um ambiente de forma retangular, de um azul magnífico, que lembrava mais água do que paredes, umas flores lindas, que nunca observei no plano terrestre. De repente, abre-se na parede como uma cachoeira, uma fenda dando passagem a outro cômodo. Fiquei parada, acredito que tantas maravilhas me deixaram paralisada. Leon me pegou no colo e me levou para o

Recanto mais magnífico que presenciei em minha vida toda: estávamos entrando dentro do oceano, vou tentar descrever sem conseguir relatar toda a exuberância desse lugar: ao atravessarmos uma linda cachoeira, que não molhava, apenas deixava um frescor agradável, encontramos um ambiente enorme, bem aconchegante, a cor era um verde-azulado em seu interior e mais escura do lado de fora. Havia peixes de todo tipo e cor nadando nas paredes do quarto, a vegetação era toda de algas e corais. A acomodação do quarto, a mais refinada que já tinha visto, era cama com lençóis de seda, divã, escrivaninha, uma mesa servida para o desjejum, enfim, tudo de que precisava um quarto de uma dama sofisticada e bela. Quando saí do transe que aquele aposento me colocara, disse para mim mesma:

— Estou no meio do mar, devo estar sonhando com tantas maravilhas ao meu dispor.

— Sim, você está no meio do mar, toda a nossa Colônia está dentro do mar profundo, só que em apenas poucos pontos da Colônia pode-se observar isso.

— Leon, não há perigo em ficarmos aqui sem sermos atacados por esses peixes menos amistosos?

— Claro que não há perigo, esse lugar é o Recanto especial da Rainha; venha, veja que podemos chegar bem perto e até encostar as mãos nos nossos amigos lá fora.

— Leon, tenho muito medo.

— Venha, estou com você, não precisa temer. – Fui me aproximando, temerosa, da parede que era água pura, e Leon me fez colocar a minha mão; relutei, mas com ele me incentivando e rindo de minha ingenuidade, toquei a parede e não acreditei que ela ultrapassou-a e o contato foi muito bom, nenhum peixe mexeu comigo, acho que sentiam o meu medo e de alguma forma me respeitavam, só me observando, sem se aproximarem de mim.

— Não estou acreditando que isso está acontecendo. Como pode isso ser realidade? Estamos no meio do mar profundo, coloco minha mão do lado de fora e nada acontece?

— Ane, amada, estamos do lado espiritual do oceano, esse oceano está em outra dimensão, os peixes que do lado de fora estão nadando calmamente não nos percebem. E há uma coisa importante: em volta do Nosso Recanto há um campo de forças que nos deixa mais seguros. É difícil explicar como se processam desse lado as coisas, porque isso tudo é um mistério e você entenderá melhor quando começarmos a sair, a vivenciar sua vida desse lado dos desencarnados. Mas acredito que isso ficará para depois, não é?

Depois dessas explicações, em que mistério não é possível ter um entendimento lógico, Leon foi mostrar-me como é maravilhoso o Amor entre duas almas afins.

Aqui não vou relatar nada, que cada um imagine como quiser os dias e noites de Amor que passamos unidos naquele quarto cheio de prazeres.

— Por mim ficaria aqui, olhando esse mar a vida inteira, Leon.

— Mas será muito tempo, você não agüentaria ficar a eternidade inteira sem fazer nada, principalmente quando descobrir tudo sobre quem é você.

— Então me conte, por que estou sendo bem tratada pela Rainha e por que me esperou tanto tempo, sem ir ocupar o seu lugar de merecimento?

— Eu esperaria você quanto tempo fosse preciso, pois aqui saberia quando você estaria salva de si mesma.

— De mim mesma, como?

— Você se negativou demais, lembra? Tinha de esgotar seu negativismo com quem tinha direito de fazer isso, só que você foi pega justamente por quem você prejudicou muito, há muito tempo, que por outro lado foi bom porque Hagashor é nosso aliado, punindo você no que era preciso e não exacerbando sua ira contra o que realmente você prejudicou.

— Como pôde acontecer isso? Então eu fui lesada, não houve justiça no meu caso e ainda tenho de agradecer?

— Não, Ane, isso aconteceu porque a Lei e a Justiça Divina permitiram, para que seu esgotamento cármico fosse mais rápido.

— Como mais rápido, Leon? Eu sofri barbaridades que você nem imagina.

— Não se revolte, querida Ane, tudo acontece como tem de acontecer. Você mesma escolheu esse caminho tortuoso que seguiu.

— Como poderia seguir algo que me faria sofrer? Eu não seria burra nesse ponto.

— Ane, é claro que não escolheu esse caminho na lucidez, você foi movida pelo livre-arbítrio e pela raiva e ódio que carregava desde sua última encarnação, quando foi violentada e morta.

— Não entendo, Leon: como isso pode ter acontecido, eu por acaso não tive ajuda após o meu desencarne naquela vida?

— Teve sim, porém não a aceitou.

— E o que aconteceu?

— Você ficou vagando atrás de mim e de nossos filhos, acompanhou-nos até o nosso desencarne, só que vibrávamos energias diferentes e não conseguimos ficar juntos.

— Mas você também desencarnou com muito ódio e raiva, como não conseguimos ficar juntos?

— Eu acabei aceitando ajuda de bons amigos por estar com medo, assustado e cansado de sentir raiva e ódio, eu queria descansar, poder ficar melhor para procurá-la e voltar a amá-la como fazíamos e quando éramos felizes, por gestos tão simples – Leon estava abraçado comigo na cama, conversávamos e ele não percebeu que eu chorava sentida e triste.

— Procurei-a por muito tempo, até que soube que havia encarnado novamente, nesse tempo já encontrara a Rainha e pedi-lhe que a ajudasse, mas a ajuda só foi possível quando você já estava debilitada, cansada e querendo melhorar seu interior, voltando a acreditar no Amado Criador.

Não agüentei e solucei, Leon me apertou em seus braços e então deixei o choro lavar minha alma e meu coração. Sentia-me protegida e amada como há muito não sabia o que eram esses sentimentos. Podia ali extravasar toda a tristeza que estava contida em meu ser. Eu estava com quem me era caro, com quem poderia contar para sempre, pois não só ele me amava como eu também o amava. Fazíamos parte um do outro. E nesses abraços, voltaram os beijos, os carinhos e estávamos nos amando novamente.

Não sei quanto tempo passamos juntos, só sei que para nós o tempo havia parado, porque o tempo naquele quarto não existia, tanto que nós dois nos equilibramos; sim, essa troca de energias, de carinhos, deixou-nos diferentes, mais centrados. É difícil dizer como melhoramos quando a energia sexual está equilibrada, nossas aparências até rejuvenesceram e Leon estava mais lindo do que quando o encontrei.

— Vou me viciar em você, meu amado Leon.

— Já sou viciado em você, Ane. Só que precisamos voltar a viver nossas existências.

— Mas já, Leon? Agora que está tudo tão bem?

— Por isso mesmo, querida. Não podemos abusar da hospitalidade da Rainha, temos compromissos a realizar.

— Acredita que estamos sendo inconvenientes?

— Não ainda. Mas temos de nos lembrar da realidade dos fatos. É muito bom estarmos juntos, porém em excesso nos desequilibramos, e não seria inteligente de nossa parte nos negativarmos por excesso, não é mesmo, Ane?

— Com certeza, não. Eu não gostaria de passar por tudo o que passei novamente.

— Ane Marie, você ainda não se lembrou realmente de quem é?

— Ainda não consegui. Como você me disse, Leon, tenho de querer lembrar, e acho que ainda não estou querendo fazer isso, talvez esteja tentando me acostumar com todas essas informações atuais para depois começar, aos poucos, relembrar de coisas que podem não ser tão agradáveis.

Ficamos mais um pouco nos amando e decidimos que já era hora de retornarmos nossas caminhadas.

Serei sincera com você, vontade não tinha em deixar aquele pedaço do paraíso em pleno nível inferior que nos encontrávamos. Saber que enfrentaria novamente coisas e lugares nada agradáveis arrepiavam-me por inteira, mas tinha de enfrentar e tentar sair vencedora. Não podia deixar o sacrifício da espera que Leon dispensou, o Amor e carinho, a atenção que teve em me esperar, e acreditar que eu conseguiria vencer. Não era justo eu fazer com que Leon jogasse fora todo o tempo em que me esperou e que deixou de seguir seu caminho só para me esperar, para não evoluir e ficar mais perto de mim. A humildade que teve em pedir ajuda por mim, em trabalhar em um posto que não era seu. Estava tendo uma demonstração de Amor incondicional, de um Amor verdadeiro, que não pedia nada em troca, que foi capaz de me esperar por tanto tempo sem se queixar, sem amaldiçoar ninguém, ele que sofreu calado e resignado quando fui pega por Hagashor naquela caverna imunda, pegajosa e viscosa.

Havia ganhado uma lição que jamais esqueceria: a quem amamos somos fiéis, generosos, carinhosos, pacientes e, se for preciso, daremos a vida para salvá-lo, o tempo não conta quando amamos de verdade, tudo se resume em querer bem a quem amamos. Se a pessoa amada estiver bem, nós também estaremos, por isso o melhor é fazer de tudo para que ela fique bem. Mas também não podemos deixar que siga o caminho errado, temos de mostrar o melhor, o que é certo perante a Justiça Divina. Precisamos respeitar seu livre-arbítrio e, se apesar de tudo que lhe foi mostrado, o que é bom ou mau para se seguir, se mesmo assim ela escolher o caminho ruim, teremos de deixá-la seguir o caminho que escolheu, não podemos cumprir o seu destino, e sim deixar que aprenda o certo ou errado somente por ela mesma. Sempre aprendemos uma lição e não podemos ser privados desse aprendizado porque, no final, tudo se resume na maneira pela qual queremos evoluir. E podem acreditar que sempre há alguém a esperá-los, uma pessoa que os ama, que os respeita e torce por suas vitórias e conquistas espirituais, porque se encarnamos é para podermos aprender em tempo mais rápido, para podermos vivenciar as emoções, os sentimentos em tempo mais corrido, porque se não encarnarmos não saberemos o que é ser dual, ou seja, o dualismo que o encarnado vivencia, o poder de decidir pelo certo ou errado, escolher o que seguir, vivenciar o amor e o ódio, a alegria e a tristeza, tudo em uma única encarnação, fato que demora se não houvesse o que de melhor há em lição e oportunidades para a evolução: a encarnação.

E muitos sequer dão a mínima importância para algo tão precioso, tirando-a de muitos irmãos, e quantos não tiram suas próprias vidas encarnadas, suicidando-se? Realmente é muito triste essa falta de entendimento dos encarnados, e o pior é quando não se sentem amados. Quem disse que não há ninguém? E o nosso Amado Criador? Ele nos ama incondicionalmente, acima de tudo, e por isso temos tantas oportunidades em nossas evoluções.

Mas chega de filosofar e vamos voltar à história.

Capítulo 5

Dois Caminhos, um Destino

Estava sem jeito de sair do nosso recanto de Amor, todos sabiam que demoramos e, provavelmente, o que aconteceu lá dentro. Relutei em sair, mas Leon, sempre amoroso e com muito jeito, sorriu-me, estendeu-me suas mãos e sussurrou ao meu ouvido:

— Não se preocupe, minha amada, aqui ninguém será inconveniente para conosco. É muito natural o que passamos aqui dentro. Todos gostam e fazem, na medida certa. Todos temos ciência do bem que nos faz, quando praticado sem exageros. E, às vezes, somos até incentivados a termos trocas de energias sexuais.

— Então quer dizer, Leon, que você... – abaixei a cabeça e, com tristeza, não consegui completar a minha frase.

— Há, há, há, minha querida, só você para me fazer rir. É claro que é difícil ficar com energias sexuais paradas, mas em casos como o meu, que queria só a minha alma gêmea para me satisfazer, a Rainha me ajudou, descarregando essas energias quando muito condensadas, aliviando-me.

Aqui Leon me contou como isso é feito, mas para vocês só é preciso saber que trocar energias com pessoas afins, sendo equilibrada essa troca, não acarretará problemas com sentimentos negativados.

Caminhamos dessa vez até o salão de armamentos e no caminho encontramos Madeleine, toda sorridente, correndo em nossa direção, abraçando-nos. Realmente, Madeleine era um ser encantador, muito alegre e expressiva em seus sentimentos, mas que no futuro se tornaria uma linda Guardiã.

— Estou muito contente por vocês, sabia que Leon ficaria mais belo e o mais feliz do Nosso Recanto.

— Oh, Madeleine, não seja tão dramática, eu sempre fui feliz aqui no Nosso Recanto, na companhia de todos, só me faltava o Amor da minha vida para poder seguir minha evolução no trânsito normal.

— Não, não e não. Ane Marie, o seu amado era só trabalho, trabalho e estudos, nunca tinha tempo para se divertir.

Madeleine falava, falava bem rápido, eu olhava-a com muita ternura, pois via em seus olhos a candura de uma criança, mas possuía algo de satânico em seus modos. A conversa estava agradável e engraçada, a pequena Madeleine fez com que um grupo de pessoas e seres se juntassem a nós e conversávamos prazerosamente com todos, quando escutamos um sibilo e um uivo. Trêmula, automaticamente olhei na direção em que vinham e minha grande alegria foi vê-la caminhando em nossa direção, um belo sorriso no rosto, trazendo uma paz e transbordando Amor, tendo pendurada em seu pescoço a rastejante e ao seu lado o lobo-cão, o que não me agradou muito, sentia muito pavor desses dois seres.

— Vejo que um descanso fez muito bem a vocês dois. Posso agora tê-los para trabalharem em alguma coisa interessante que seus graus façam sem esforços?

— Minha amada Rainha, não imagina o quanto sou grato e cumprirei minha palavra dada.

— Tenho certeza disso, mas agora ficarei contente se começar a procurar o que é seu de merecimento; fortaleça-se, pois em breve precisarei muito de sua ajuda.

— Sim, minha Rainha, farei o que é necessário.

— Quanto a você, Ane Marie, chegou o momento de iniciarmos seu treinamento. Espere-me um pouco aqui, enquanto falo com Leon.

Ela se afastou levando meu amado, sabíamos que a separação viria, só não sabia que era tão cedo. Não me contive e perguntei a Madeleine:

— A Rainha é sempre assim, fala pouco e nunca conta o que aconteceu?

— Você quer saber se ela não participa o que acontece? – fiz sinal com a cabeça que era aquilo o que queria saber.

— Ela já participou o que aconteceu, faz um tempinho que chegou, vocês dois é que ficaram muito tempo enclausurados.

— Eu não havia percebido isso, não imaginei que houvesse passado tanto tempo – falei envergonhada.

— É, mas não se preocupe, vocês dois precisavam se equilibrar, o que para Leon deve ter sido ótimo, porque já vai assumir o que é dele.

— E o que é dele, Madeleine? O que ele deixou de assumir por minha causa?

— Acho melhor ele mesmo contar.

Fiquei esperando, Madeleine se afastou, sem querer comecei a olhá-la, e meus olhos começaram a me mostrar ligamentos em seu corpo, eram fios finíssimos, percorri esses fios para ver onde chegavam, mas não precisei ir muito longe, esses fios se ligavam à Rainha, era uma troca de energias. Os fios que saíam de Madeleine eram azuis arroxeados; quando chegavam à Rainha, tornavam-se rosas e voltavam a Madeleine.

Olhei para Leon e o mesmo acontecia com ele, só que seus fios eram de um tom rosa azul-claro e pareciam estar em harmonia com os da Rainha, que inclusive estava se despedindo do meu amado e eu teria arranjado uma briga se não houvesse entre nós um cachorro e uma cobra a nos separar. O sangue me subiu pelo corpo vendo o meu Leon trocar um beijo com a linda Rainha, sim eu estava presenciando um beijo na boca, um beijo de amantes entre o meu Leon e a poderosa Rainha, comecei a chorar de raiva, foi nesse momento que percebi em meu corpo os mesmos filamentos se modificando da cor rosa-azulada para um escuro, estava ficando na cor negra. De repente, aproximam-se os dois traidores, rindo de mim, sem se envergonharem do que fizeram. Com muita raiva, olhei-os e não me contive:

— Como vocês podem me trair na minha frente e não sentirem vergonha? Ao contrário, riem de mim, devo ser muito idiota mesmo para pensar que tenho amigos, muito menos um Amor eterno – estavam rindo de mim e com muita dificuldade me abraçaram e beijaram.

— Princesa da minha vida, tínhamos certeza de que reagiria assim, mas, acredite, somos cúmplices e bons parceiros, o que viu é normal aqui embaixo.

— Não fique brava, princesa do Amor. Acontece que eu e Leon somos muito caros um para o outro. O beijo não quer dizer nada, além de afeto, com o tempo verá que para nós, com pessoas que amamos, é muito normal o beijo na boca, mas também não passa disso.

— Como entender algo que para a sociedade em que vivi sempre foi uma coisa errada, até com o marido era preciso discrição? Como entender que o homem que amo sai beijando todas por aí?

— Ane Marie, a Rainha não são todas e muito menos qualquer uma, vou repetir o que a Rainha disse e espero não precisarmos mais explicar-lhe sobre isso.

— Nunca entenderei, Leon – estava realmente brava, não queria escutar, não aceitava, era como se estivesse perdendo uma parte de mim. Foi nessa hora que a Rainha segurou em meu braço e me fez ver com outros homens, bem à vontade, e não era a Ane Marie, cortesã, quem beijava e abraçava, sem vergonha e com total desembaraço, era eu só que em outro corpo e em um local que não conhecia, era antes de minha vida de casada com Leon naquela cidadezinha, o pior é que gostava, rompi em pranto.

— Não queria fazer isso, perdoe-me, Ane, mas não tive outra alternativa, quero que entenda que aqui no Nosso Recanto não há pudor no Amor fraternal, na troca de energias quando equilibradas e que o beijo, principalmente o na boca, é coisa corriqueira. Eu sempre beijo quem a mim é amado.

— Minha vida, não quero partir com você me odiando, não se desequilibre de novo.

Era tanto carinho que sentia pelos dois que foi impossível continuar brava, desfiz rapidamente a cara feia, o ódio que sentia e os abracei retribuindo tanto Amor. Aos poucos, meus fios finíssimos voltaram à cor rosa- azulada.

Despedi-me de Leon, mas queria saber o que era dele e o que faria para tê-lo novamente.

— Ane, antes que me pergunte, vou explicar-lhe algumas coisas – Leon conversava comigo, já distante de todos, onde podíamos nos despedir tranqüilamente.

— Preciso há muito voltar à minha evolução, não quero que se sinta culpada por isso, eu precisava me fortalecer, estudar, conseguir ter forças para continuar, preferi esperá-la e, nesse tempo todo, fui me fortalecendo; a Rainha foi muito generosa deixando-me viver aqui, trabalhar como mestre de armas, em uma fábrica que já possui o seu, verdadeiramente só ocupei um cargo pelo Amor da Rainha em não me deixar ocioso, mas eu tinha o tempo livre que precisasse para estudar, treinar para batalhas e principalmente olhar por você e esperar que estivesse bem para, com a consciência tranqüila, seguir o meu caminho.

Leon falava olhando em meus olhos, estava sereno e suas feições mostravam-me maturidade, responsabilidade e preocupação.

— Já me lembrei de muita coisa, Ane, mas preciso buscar a minha verdade, o meu caminho que o nosso Amado Criador me deu para segui-lo e não decepcionar.

— Para onde vai, meu amado, que não posso acompanhá-lo?

— Um dia estaremos batalhando juntos, mas por enquanto cada um tem de fazer a sua parte. Estarei acompanhando um grupo de guerreiros que adentrarão os níveis inferiores em uma guerra contra o mal religioso.

— Mas que mal religioso é esse que está deixando-o preocupado?

— Faço parte de um grupo que defende o Amor à Fé, que luta contra aqueles que difundem o desprezo, o escárnio a religiões que fazem o bem, em que a doutrina é o Amor e a Fé a um Criador Supremo. E antes que possam penetrar com seus escravos encarnados no seio dessas religiões e pôr tudo a perder, vamos combatê-los antes mesmo de elas se criarem. Não será fácil, pois muitas forças das trevas estão contra nós.

— Tenho medo por você, de perdê-lo. É muito perigoso, pelo que me conta, não ficarei tranqüila imaginando-o vagando e lutando nesses infernos.

— Nós somos desses infernos, Ane. Logo também estará percorrendo esses negros espaços que são dominados pelos piores seres existentes. Mas, preste muita atenção: nada destrói o Amor na Fé ao Nosso Amado Criador; confiando seu Amor e sua Fé Nele, em nada estará perdendo; ganhará sempre, mesmo que perca uma batalha, a guerra nunca será perdida a quem tem Fé e Amor ao Amado Pai Maior.

Conversamos mais um pouco e Leon precisou ir.

Fiquei triste por ter de me separar dele, estava receosa do futuro, o que faria sem ele?

Capítulo 6

O Ajuste de Contas com o Passado

Absorta em meus pensamentos, não percebi a chegada da Rainha que, colocando a mão em meu ombro, tirou-me do silêncio da despedida.

— Vamos sair, preciso que me acompanhe.

Não ousei perguntar-lhe nada, apenas olhava e admirava-a. Meus olhos brindavam-me a mostrá-la não só sua beleza, mas conseguia observá-la por baixo de sua capa, conseguia ver sua luz verdadeira, uma luz que não deixava à mostra, um brilho que me tonteou e fui obrigada a parar, denunciando que eu havia visto demais.

— Ane Marie, o que aconteceu? Por que está pálida desse jeito? – eu ficava a olhá-la e admirar o que se mostrava, a luz desenhava em seu corpo; além da sua forma delineada e escultural, começaram a aparecer símbolos gravados em seu corpo espiritual; balbuciei palavras sem compreensão, comecei a apontar os seus símbolos, então ela entendeu e, com grande esforço, apagou-os todos, ficando sem luz nenhuma. Chorei por perder aquela visão maravilhosa e por vê-la sentir tanto o esforço que fizera para anular sua luz. Levou um bom tempo para que meus olhos conseguissem ver direito novamente.

Prosseguimos sem trocarmos uma palavra, entendia que aquilo que enxerguei não era para ser comentado, principalmente porque observei o quanto a Rainha ficara séria.

A Rainha estava me levando para fora do Nosso Recanto, de repente paramos e encontramos um grupo que a saudou com reverência. Eram todas mulheres, no total de sete, cada uma portando uma espada na mão e mais outra embainhada na cintura. Essas mulheres não eram como a maioria: elas eram lindas, com corpos também muito delineados, mas tinham porte de guerreiras, inclusive nos olhares duros e frios. Suas luzes interiores também eram belas, mas não visíveis como eram as da Rainha que as anulou ainda mais, tornando-se sem luz. Então observava que, mesmo estando elas no astral inferior, que era onde nos encontrávamos, possuíam luz. Registrei isso comigo e não comentei nada. Anotei mentalmente que todas tinham ligações, pois via os fios finíssimos que já enxergava sem esforço. A única diferença é que cada uma delas, além de possuir ligações como eu, Leon e Madeleine, também possuía ligações de diferentes cores: azul-escura, amarela, rosa, lilás, laranja, magenta e azul-claro e que só conheceria os motivos bem mais tarde.

— Vemos que trouxe a bela adormecida para brincar.?

— A bela adormecida vai ficar dormindo até quando?

— Quando nos presenteará com sua lucidez e suas habilidades?

— Já está na hora de a bonitinha começar a se lembrar de quem é.

— Ou será que temos de desvendar à força seus mistérios?

— Parece mais um bebê chorão do que Guardiã nas Trevas – escutava sem entender tantas provocações. Como podiam ser tão cruéis? Falavam sem se alterarem. E eu sentia tanto ódio de elas se dirigirem a mim com aspereza, riam, sem respeito até com a Rainha que, por sua vez, olhava imparcialmente o jogo de palavras de tais mulheres atrevidas. Comecei a ficar com raiva, senti meus músculos enrijecerem, meu olhar endureceu, minha respiração se tornou ofegante. As provocações não paravam, aumentavam ao perceberem que realmente me irritavam. Olhei para a Rainha, como a questionar o que fazer.

— O problema é entre vocês, não tenho nada a ver com isso. Resolva com as guerreiras o que está errado.

— É bom deixá-la sozinha, queremos ver até onde ela se acha a dona da razão.

— Vamos, não tem coragem de lutar contra nós?

— Não é justo, vocês são em maior número e estou desarmada. Como me traz a uma batalha onde estou em desvantagem, Rainha?

— Mais cedo ou mais tarde o encontro de vocês seria inevitável.

— Pare de chorar, tenha uma postura decente, darei a chance de pegar uma espada se for esperta antes de atacá-la, mas precisará correr.

Todas as sete guerreiras estavam em posição de ataque, apontaram para duas espadas fincadas nas rochas, logo adiante. Instintivamente, saltei e acabei agarrando não uma, mas as duas espadas ali enterradas. Precisei ser muito rápida, elas não deixavam que respirasse, lutei como nunca imaginei.

Elas levavam a sério o duelo, fui obrigada a usar as duas espadas para proteger-me. Era difícil desvencilhar-me de tão boas espadachins.

Quanto tempo brigamos não sei dizer, houve uma hora em que todas, eu acredito, já não agüentávamos mais, porém sempre faziam uma gracinha, falavam bobagens para cada vez mais deixarem-me irritada.

Eu estava reagindo estranhamente; garota mimada, mulher que tinha todas as suas vontades realizadas, que não tocava em nada, via-me lutando com muita destreza, movimentava-me com desenvoltura. A minha raiva era tanta que sentia me queimar por inteira.

Em momento algum aquelas guerreiras ficaram quietas, sempre debochando e rindo.

— E aí, bonequinha, vai querer brincar de casinha com a gente?

— Só se for de arrumar a cama, coisa que só aprendeu a desarrumar.

— Ela é toda fresquinha, será que vai agüentar o nosso joguinho?

Nem só de gracinhas verbais elas me tratavam, eram insultos e muitos palavrões (não tenho coragem de expressar tudo o que falavam, só me restringirei a esses pouco e tolos diálogos).

Houve uma hora em que caí ao solo não agüentando mais, tamanha era a força e a agilidade que me eram impostas. Imaginei estar perdida, abaixei minha cabeça e gritei:

— Vamos, acabem logo com isso, assim não precisarão mais ter tanta raiva de mim.

— Levante-se e lute, sua covarde, a briga mal começou, se apenas isso pode mostrar, então é uma fraca e uma perdedora.

Foi com tanta aspereza e autoritarismo que a guerreira que ostentava uma pedra azul-escura em sua espada, cor idêntica ao de seus finíssimos fios, se dirigiu a mim, que de um salto levantei-me e tão rápida que fui a derrubei ao solo e encostei a lâmina de minha espada em seu pescoço. Sem mudar de fisionomia, ainda disse:

— Mostra-me que é uma Guardiã e faça o que tem de ser feito.

— Por que não ri agora? O seu pescoço está com a lâmina da minha espada encostada nele, isso a dificulta de rir?

— Não, apenas faz com que esqueça de se proteger pelas costas, tentando descobrir o que farei com você agora.

— Se quer que eu olhe para as minhas costas está enganada, porque sei que suas companheiras nada farão que possa machucá-la.

— Isso é o que pensa – e começou a gargalhar.

Fiquei assustada e acabei olhando para trás, quando ela conseguiu se desvencilhar da espada e me subjugou com a sua, invertendo a situação.

— Droga, isso é golpe sujo, pois só agora vejo que todas já estão mais afastadas, só em sinal de alerta.

— Ninguém mandou confiar em mim, em uma batalha tem de seguir o seu instinto, o que lhe diz sua consciência, e não deixar se envolver em artimanhas fáceis de se enganar. Onde está a sua dignidade?

— Se pensa que vou implorar para que não me mate, está enganada.

— Não dá valor a sua existência, mesmo que não seja tão nobre e digna de ser contada?

— Talvez em algumas vidas não foi mesmo nobre ou digna de tê-las vivido, mas sei que em muitas a honestidade e o Amor ao Criador existiram.

— Até quando vai se esconder atrás dessa farsa em que está vivendo?

— Não sei de que farsa está falando, apenas sei o que sei, que por algum motivo estou aqui a enfrentá-las para poder relembrar de algo que julgo ser importante para ter uma protetora tão luminosa a proteger-me, coisa que agora começo a duvidar, pois me jogou na cova dos leões.

— Ainda choraminga, que saco. Estou ficando cheia de você – era tanta a sua raiva que a lâmina da espada começou a cortar o meu pescoço, quando a Rainha, enfim, levantando-se, ordenou:

— Já basta, Naíra.

— De forma alguma, minha senhora, não vê que ela só é lamentações e autopiedade?

— Eu já disse, o jogo acabou. Vocês todas sabem que já ultrapassaram os limites do bom senso com essa luta, era para ter terminado há muito tempo – falou brava a Rainha, olhando para todas.

— Mas, senhora, como pode ser tão dissimulada essa pecadora?

— Todos somos pecadores, Náshila. Não é assim que podemos resolver as coisas.

— Hei, não se esqueceram de mim aqui embaixo da espada?

— Uma pena não ter descido até o fim a lâmina da minha espada, assim nos daria menos trabalho, com certeza.

Naíra saiu de cima do meu pescoço com a sua espada ameaçadora, e ao perceber que a lâmina havia cortado a pele da garganta, fazendo o sangue escorrer, em um gesto rápido peguei a espada do chão e fui com a intenção de matá-la, porém com muita rapidez Naíra, a guerreira da Fé, deu um salto para trás, e eu só consegui fazer-lhe um belo corte em sua perna esquerda, acima do joelho.

— Sua vadia, traição, é isso o que acabou de fazer.

Os ânimos estavam querendo se exaltar novamente, quando a Rainha desembainhou sua espada e ordenou:

— Chega, se não me obedecem serei eu mesma quem ensinará disciplina entre vocês.

Todas ficamos pálidas ao vê-la com a espada que carregava nas costas; uma espada diferente das outras, eu ainda não tinha noção do seu poder, mas segui o exemplo das guerreiras que encostaram o joelho esquerdo ao solo, as espadas com as lâminas viradas para baixo, segurando-as com as duas mãos, olhando para o chão em sinal de reverência.

— Levantem-se todas. Espero que o acerto de contas tenha acabado, porque por bem ou mal voltarão a trabalhar juntas, uma precisará dos serviços da outra. O melhor é fazerem as pazes e deixar o Amor ao próximo renascer em seus corações e terem atitudes sensatas e justas.

— Perdoe-nos, amada Rainha, ainda estávamos ressentida com Ane Marie pela emboscada em que nos deixou cair – falava Naíra sem levantar a cabeça, e fiquei com remorso do que tinha feito. A guerreira suava e fazia um grande esforço para continuar naquela posição ajoelhada, justamente segurando seu peso todo na perna esquerda, dilacerada por mim.

Vendo-a com tanta dor, o sangue a escorrer pela perna, a Rainha fez novamente sinal para que todas se levantassem, caminhou até Naíra ajudando-a se levantar, estendeu sua mão direita sobre o corte profundo e uma coisa linda aconteceu: saíam raios multicoloridos dos dedos, da palma da mão, que foram regenerando toda a estrutura da perna ferida, fechando por completo o corte e, por sorte da Guerreira, não sobrou nem cicatriz naquela perna tão bem torneada. A guerreira a abraçou com tanta ternura que estranhei isso em alguém que acabava de demonstrar tanta frieza.

— Agora é a sua vez – apontou para que eu me aproximasse mais. E na minha vez não foi diferente, ela fez o pequeno corte no meu pescoço desaparecer.

— Como pôde fazer isso? Com certeza é uma deusa ou um anjo entre nós. Fazer os ferimentos fecharem sem ficar cicatrizes!

— Chega de falar, tagarela, você pergunta demais em vez de observar e aprender, falou Lena.

— Não sou deusa nem anjo, apenas uma servidora do Pai Maior, e Lena está certa, observe mais em vez de ficar só falando.

— Mas é difícil não perguntar nada, tudo é tão novo e misterioso por aqui.

— O novo acaba sendo conhecido com o tempo, e o que for misterioso é mistério porque com certeza é um mistério. E mistério em sua primeira regra é: mistério, não tem como ser desvendado e aquele que for possuidor dele não falará sobre o mistério que carrega, porque assim não seria mistério – esclareceu a Rainha. – Então, para finalizar, mistério é mistério e pronto.

— Está certo, não perguntarei mais sobre os mistérios, mas queria saber, como acharam as minhas espadas?

— Não achamos, foi você quem as colocou nesse rochedo antes de se negativar.

— Antes de nos trair, não se esqueça de falar isso, Rainha.

— Caramba, é difícil alguém me contar o que foi que traí e o porquê?

— Fixe os seus olhos nas espadas e relembre, deixe o seu mental mostrar-lhe as recordações que você quis esquecer.

Sentei-me, coloquei as espadas no chão, as guerreiras fizeram um círculo ao meu redor e a Rainha pousou sua mão direita em minha cabeça. Não precisei de muito tempo para recordar tudo o que havia acontecido para que as sete guardiãs guardassem tanto ódio de mim.

Capítulo 7

A Queda como Guardiã do Amor na Luz

Eu era uma Guardiã do Amor Humano, que preservava o sentimento mais nobre entre os seres: o Amor fraternal, o Amor sem restrições, o Amor entre o homem e a mulher. Era um período que se perdeu no tempo, pois foi há milhares e milhares de séculos, já em tempos que nem constam na história da humanidade.

Era cultuada, com flores e frutas. Havia harmonia, felicidade e entendimento. Eu era feliz, amada e muito passiva. Por muito tempo não houve discórdias. Juntamente comigo, Leon também era cultuado como um deus do Amor e da Fertilidade.

Desde eras remotas lutamos para que o nosso Amor seja eterno, que esse sentimento que temos um pelo outro seja puro e verdadeiro. Eu fazia com que as pessoas tivessem o desejo para se relacionarem harmoniosamente. Leon dava a fertilidade para que houvesse a reprodução do ser humano. Esse casamento entre o desejo e a vitalidade na medida certa, para o entendimento entre todos, fez com que por muito tempo a civilização tivesse sua evolução equilibrada e luminosa.

As Guerreiras eram cultuadas como as Guardiãs mensageiras da Deusa do Amor. Elas eram consideradas as minhas executoras, pois recebiam em meu nome oferendas em pontos de forças, dependendo do pedido a ser feito. Se fosse um pedido para que houvesse justiça entre uma disputa de terras, a oferenda era feita para a Guardiã da Justiça da Deusa do Amor. Se fosse para que houvesse plantação farta, faziam a oferenda nas matas para a Guardiã da Fartura da Deusa do Amor.

Enfim, tudo era solicitado, mas desde que o Amor reinasse entre todos, pois não havia como esse sentimento não estar em tudo se ele os fazia benditos.

Só que algumas forças das trevas começaram a se infiltrar entre os dirigentes espirituais encarnados, modificando as oferendas, alterando o pensamento dos habitantes. No lugar das frutas começaram a entregar vísceras de animais, entre eles os testículos e placentas.

As Guerreiras, no início, não aceitavam esse tipo de oferta para elas e muito menos para mim.

Leon, o Guardião da Fertilidade, advertiu-me quanto ao perigo que haveria em aceitarmos tal barbaridade. Mas eu achava que mal não faria, notava que após as oferendas ritualísticas todos ficavam mais felizes, mais confiantes. Eu não percebia que uma força maior, que cultuava as Trevas, estava me cegando.

As Guerreiras de tudo faziam para anularem os rituais com vísceras e sangue, mas eu, que estava considerando-me a dona da razão, a toda-poderosa, não reparava que o desejo estava se desvirtuando, que a maldade humana estava tomando conta até de mim.

Inserido entre os humanos encarnados estava um poderoso servidor de um Trono das Ilusões, que doutrinava tudo ao contrário do que antes era ensinado e cultuado.

Nessa época estavam acontecendo muitas guerras astrais. As minhas Guerreiras, que antes eu considerava como filhas e as tratava com tanta ternura e amor, comecei a desprezá-las, castigá-las com energias desequilibradoras do emocional, tornei-as escravas das oferendas sanguinolentas.

Leon não conseguia me fazer voltar à razão, acabamos brigando e um forte choque de energias aconteceu, deixando-nos soltos no astral.

Leon tomou outro rumo, e isso não me interessava, pois estava totalmente envolvida com aquela forma de me cultuarem, sentia-me tão prazerosa que quando percebi já aceitava sacrifícios de jovens virgens para pedidos de toda a natureza, menos para o ato de Amar ao semelhante como a um irmão. De amar por sentir amor e não só pelo prazer, a degeneração do ato sexual como ato desumano, bestial e sem valores morais.

Tudo estava mudando, Leon ficou desequilibrado, o negativismo que circundávamos acabou caindo de nível vibracional, pediu e obteve ajuda de seus pólos positivos para o reequilibrarem e encarná-lo para sua humanização e evolução espiritual, pois comigo não haveria de ficar bem, ao lado de alguém totalmente sem razão e emocionalizada ao extremo.

Não tinha mais o meu equilíbrio, que era Leon, para sustentar o desejo, pois sem a vitalidade e sem a fertilidade começaram cada vez mais os sacrifícios humanos em meu nome.

As Guerreiras estavam esgotadas energética e magneticamente, mais pareciam zumbis do que poderosas portadoras de mistérios do Amor.

Eu irradiava não mais o Amor e sim o prazer sexual, o desejo desenfreado pelo sexo, independentemente de se era com sexos opostos ou iguais, o que me satisfazia era captar energias condensadas de prazer.

O meu Trono já não irradiava luz alguma, ao contrário, absorvia qualquer luz, energia que o ser humano irradiasse e, em contrapartida, eu irradiava o desejo pelo sexo apenas por prazer.

Eu rejeitava qualquer comunicação mental que porventura conseguisse chegar para mim, comunicações essas de que estariam ultrapassando meus poderes, que estariam me desligando de meu Degrau. Para mim, nada disso importava. Arregimentava soldadas negras, eram soldadas porque não sabiam a arte de guerrear como as minhas antigas amigas guerreiras. Essas que se predispunham a ficar ao meu lado eram mercenárias, tudo faziam às costas, à traição. Já muitas delas estavam me servindo, e como não me serviam mais as Guerreiras Guardiãs do Amor, tornaram-se objetos de maus-tratos dessas soldadas negras.

Há muito tempo sentia a aproximação de uma Guardiã Maior do Amor, porém fazia de tudo para não senti-la, não queria travar uma batalha com essa Guardiã, sabia que era poderosa demais e precisava me fortalecer.

Já contava com milhares de mercenárias quando apareceu na minha frente a Guardiã tão temida; para minha surpresa, reconheci nessa Guardiã Maior a nossa Rainha.

Tento dissimular a surpresa de ver um ser luminoso em meus domínios já enegrecidos. Armo minhas defesas e mentalmente disponho minhas mercenárias à minha volta.

— Guardiã do Amor e do Desejo insano, venho em nome da nossa Senhora fazer-te duas propostas para que escolha uma e siga o seu caminho, ou na luz ou nas trevas.

— Não quero saber de sua Senhora, pois vejo que me desamparou. Estou só, sem o meu par magnético e sem aquelas imprestáveis Guerreiras que só fazem chorar.

— Farei assim mesmo as propostas. A primeira é largar tudo e acompanhar-me. Entrar na forma evolucionista, encarnando, para que possa purgar todo esse seu negativismo, trazendo consigo nossas irmãs Guerreiras, ou ter totalmente cortado o laço que a une com a nossa Senhora e seguir sua sorte até encontrar seu destino em sua dor final.

— Por que acreditarei em você? Deixe-me em paz, não preciso de ajuda para sobreviver, tenho milhares de escravas que fazem tudo o que ordeno. Aqui sou imbatível e superior até a você, portadora do Amor tolo.

— O Amor ao Criador e aos nossos irmãos em nada é tolo. Você se negativou, afundou seu trono no pior dos lodos infernais, o lodo da evolução, pois até abortos você aceitou para que o feto lhe fosse dado como oferenda em rituais negros.

— Isso é problema meu, os encarnados ganham tudo o que pedem e por isso precisam se sacrificar mais por mim. Se fazem esses sacrifícios é porque acreditam que estão ofertando-me o melhor. E eu aceito porque assim eles ficam mais contentes e posso, dessa forma, absorver toda a energia sexual deles. Eu lhes dou o desejo e eles me retribuem com suas energias sexuais.

— Você está louca, desequilibrou-se toda, Deusa do Amor inescrupuloso. Não haverá outra forma a não ser romper seu cordão junto à Senhora do Amor Divino.

— Em nada está me auxiliando essa ligação, pois só querem me enfraquecer e deixar-me escrava de um Amor que não me interessa mais.

— Talvez um dia lamentará sobre o que está fazendo agora, Deusa do Amor desequilibrado.

Enquanto conversava com a Guardiã, mentalmente ordenava minhas servas a se colocarem em posição de maneira que ela não tivesse como se defender e que pegassem as antigas guerreiras e aguardassem as minhas ordens, ou seja, estava colocando a Guardiã de uma maneira em que não poderia escapar, estava armando minhas soldadas em um ataque de traição. E as Guerreiras, como não mais serviam para nada aos meus propósitos, eu estaria prestes a anulá-las.

— Não acredito em arrependimento e sim em manobras muito bem pensadas.

— Seja mais clara no que esta falando, Deusa do Amor antinatural.

— Ora, Guardiã, quero apenas dizer que não vou me entregar e muito menos entregar aquelas inúteis sem um bom duelo entre nós duas.

Nesse momento houve um barulho estrondoso, em que do nada apareceram seres monstruosos, servos da ilusão humana em todos os sentidos, cercando a Guardiã e, com surpresa, esses seres para quem eu estava compartilhando as oferendas antinaturais agarraram-me, subjugando-me com suas armas cortantes. Ao mesmo tempo surgem as Guerreiras, já como farrapos, sendo torturadas com instrumentos que mais pareciam mordaças elétricas que esgotariam o resto de suas energias vitais. Montou-se um quadro horripilante no qual éramos os objetos de tortura, chantagem e dominação.

As mercenárias que a mim serviam nada sabiam fazer para anular aquilo que presenciavam. Nem eu tinha condições de comandá-las mentalmente, qualquer descuido seria o meu fim.

Apavorei-me, observava ao meu redor e senti saudades das Guerreiras sendo minhas amigas e Guardiãs do Trono do Amor, no qual eu dominava um reino repleto de paz, e agora lá estavam elas, mais parecendo restos humanos do que gloriosas guerreiras do astral.

Capítulo 8

A Traição

Tudo isso aconteceu em segundos, fomos pegas em uma emboscada, no que pude observar em seguida.

Com todas ali desarmadas, surge um ser demoníaco, aparece como que saído de um feixe de fumaça. Era enorme, não era completamente humano: seus pés, pernas e mãos eram de animais, olhos esbugalhados, dentes afilados, seu odor era de enxofre que me atordoava, quando surgiu com estrondosa risada, ensurdecia há todos em muito boa distância.

Eu estava apavorada, não conseguia mais raciocinar em nada, apenas observava tudo sem reflexos. Os meus pensamentos concentravam-se apenas em como poderia me safar daquilo tudo sem perder praticamente nada, ou seja, ficar livre para gozar das oferendas rituais, das energias sexuais, das escravas que havia capturado, dos poderes que ainda possuía.

A Guardiã do Amor Puro estava totalmente subjugada.

Ao ouvir o estrondo, mentalmente havia chamado reforço, mas este não conseguiria chegar, tudo foi muito rápido.

Ao longe, avistavam-se guerreiras ansiosas por acabarem com a festa do ilusionismo. Porém, tudo foi tão rápido que, ao mesmo tempo em que ela as chamou, precisou pedir para aguardarem, percebendo que era uma armadilha para prender todas de uma só vez. Mostrava muita calma e domínio de suas faculdades a Guardiã do Amor. Mas sabia, pelo pouco que a conhecia antes de me enegrecer, que estaria planejando como vencer os demônios da ilusão.

— Agora sim, vejo que meus auxiliares fizeram um bom trabalho, em vez de capturar uma Guardiã do Amor banal, ganho também a Guardiã Maior do Amor ridículo. Foi bom ter paciência para possuí-las.

— Está enganado, ser do ilusionismo e da incompreensão, não conseguirá subjugar-me e muito menos o Amor ao Criador, visto que você não O aceita como seu Criador e Amoroso Pai Maior de todo ser vivo.

— Cale-se insana, pois sofrerá tudo o que merece, padecerá do fogo do inferno e aí veremos se O amará como O ama agora.

— Meu amor nunca se acabará, pois ao Pai Amado sou fiel e foi de Seu Amor que fui criada, nunca me voltarei contra Ele, ser indigno e nefasto.

— Não percebe quantas tolices está a falar? Duvido que continuará a dizer tantas besteiras quando começarem seus tormentos mais íntimos.

— Sabe que não estou só e que logo você estará dominado. A força do Amor é superior e mais forte do que qualquer sentimento chulo que você transpire.

— Veremos quando começar a mutilar aos poucos suas amadas Guerreiras. Uma por uma será cortada, até que só restará o ovóide para brincarmos.

— Não fará isso, pois não lhe servem para mais nada, estão em farrapos humanos e nem energias quase não possuem. Deixe-as livres, pois a sua nova serva, a deusa do amor iludido, já as maltratou demasiado.

— Quem disse que não posso maltratá-las ainda? — Faço o que quiser e não aceito ordens de uma Guardiã que está prestes a cair em todos os sentidos.

— Você só pode estar louco! Jamais cairei em todos os sentidos. Nunca trairia minha Fé e Amor ao Divino Criador.

— Então vejamos. Comecem a cortar as Guerreiras como se corta a um novilho.

Dito isso, seres horripilantes começaram a cortar as Guerreiras já totalmente inconscientes. Era como se não estivessem ali sendo "fatiadas", a dor era irreal. As Guerreiras estavam sendo torturadas e nenhum gesto de dor ou gemido estavam emitindo.

Nessa hora pensei em salvar-me. Era conhecedora do poder mental da Guardiã e notei o seu olhar sustentador para com as Guerreiras no intuito de elas não sentirem dor, até ela conseguir dominar a situação a seu favor, pois de longe viam-se Amazonas da Morte, com seus cães em nossa direção. Então, desonestamente, gritei:

— Senhor negro da ilusão humana, a Guardiã está hipnotizando as Guerreiras para que não sintam dor e assim você se distraia para que chegue a sua destruição. Subjugue-a agora antes que seja tarde demais.

O ser demoníaco vibrou tanto ódio que parece que até cresceu de tamanho. De um golpe só, acertou a Guardiã em seu plexo solar com sua espada, deixando-lhe um grande, mas não profundo, corte no abdômen. Nesse momento, ocorreu verdadeira guerra de energias.

Consegui me desvencilhar de meus verdugos, e de espadas já nas mãos estava guerreando não para salvar a todos, mas tão-somente a mim.

A Guardiã levantou-se e de onde arranjou forças eu não sei, conseguiu ajudar as Guerreiras, livrando-as dos seus carrascos. Vendo que poderia conseguir ajuda dos seres infernais se entregasse a Guardiã, poderia assim ter alguns privilégios para continuar meu reinado em domínios até maiores. Como a Guardiã estava ocupada em lutar com as forças do mal e acabar com o domínio da ilusão, capturando o seu líder, eu por trás tentei acabar com ela, não fosse seu sentido apurado, quando se virou empunhando a espada e lutando comigo:

— Traidora do Amor Leal, não é digna de ser senhora na Luz do Amor do Criador, seja justa e lute comigo com seus poderes sem o uso de suas espadas iluminadas, pois sem elas você não é nada.

— Não são espadas que me fazem senhora desses domínios, e sim o meu poder que há de subjugá-la sem piedade.

— Então faça isso e largue as espadas, senhora do Amor traiçoeiro – sem pensar, joguei as espadas em uma pedra, que as absorveu até o cabo. (Nota-se que foi assim que deixei as espadas no lugar em que as encontrei como Ane Marie). Havia caído em sua armadilha, pois fiquei vulnerável. No íntimo, a Guardiã fez com que eu perdesse as espadas luminosas, espadas estas que só usava em casos extremos de defesa, pois, como eram luminosas e sagradas, os seus usos eram realmente para aniquilar o inimigo com a sua energia irradiante.

Cega de ódio, raiva, mergulhada na escuridão em que me encontrava, não pensei que ficaria desprotegida e, logo que olhei as espadas fincadas nas rochas, percebi que havia sido enganada e tinha de arranjar uma forma de livrar-me rápido daquela enrascada toda. Como possuía muitos poderes, principalmente os que adquiri com os rituais negros e os seres da ilusão, sustentei uma energia desequilibradora do sentido sexual para atordoar a Guardiã; comandei sete soldadas negras, uma para cada Guerreira, e no momento seguinte todas estavam com seus pescoços na mira de uma espada negra flamejante que eu havia barganhado com espíritos trevosos que um dia acharam-se no direito de roubar escravas minhas, mas isso é só para terem uma idéia de como eu me tornei enegrecida, e com essas lâminas seria o fim das amadas Guerreiras do Amor Divino.

Estava tudo se formando para gerar o caos naqueles domínios onde outrora reinavam o Amor, a união, a paz e a fé nas Divindades Celestiais.

De um lado estávamos nós, os seres demoníacos, travando uma batalha sangrenta com seres luminosos que só se importavam com a Fé e o Amor ao Criador Divino. Do lado dos demônios estavam aberrações, seres trevosos, a mentira, a traição, o desequilíbrio em todos os sentidos. Do outro lado estavam as Guardiãs e Guerreiras do Amor Divino, que em seu Amor Maior tinham a Fé, a Lei, a Justiça, a Evolução, a Sabedoria e a Vida como sustentadores de seus caminhos.

A Guardiã já não estava só. Ao nosso redor contavam-se dezenas de milhares de amazonas da morte, montadas em seus cavalos negros, de olhos vermelhos, seus cães do inferno, todos em uma luta desigual, pois, a cada ser demoníaco que as amazonas cortavam, dois apareciam no seu lugar.

Nesse momento em que a vida das Guerreiras estava em jogo, a Guardiã Maior do Amor Divino se ergueu, livrando-se das investidas desequilibradoras sexuais, e empunhando sua espada, toma uma atitude justificável pela sua sabedoria e Amor à Vida. Dirigindo-se ao chefe do grupo, fala com sua voz segura:

— Servo de Lucyfer yê, chega de tanta luta e maldade. Solte agora as Guerreiras do Amor Divino e irei com você até o seu Senhor da Ilusão, pois sei que terá muito mais interesse que eu esteja em seus domínios, e que esteja só.

Lahor, com um sinal, fez pararem os seres demoníacos e, com estrondosa gargalhada, começou a dialogar com ela:

— Então quer dizer que se sacrificará por todas essas inúteis? Por que meu Senhor deve aceitá-la em troca dessas imprestáveis que ainda podem nos ser agradáveis de maltratar?

— Lahor, assim como eu, você sabe que para nada servirão ao Trono da Ilusão, contanto que para ele eu seja seu prêmio maior.

— Guardiã da baboseira humana, como acreditar em um espírito feminino que, apesar de estar empunhando uma bela espada, é sentimentalista e durona de se deixar capturar?

— Não gostará de ver Lucyfer yê cobrando-lhe por atos que apenas demonstram sua vaidade. Para ele o que conta são suas ações finais, que possam ser de grande valia aos seus intuitos, ser desprezível.

— Está a filosofar para quê? Eu estou com você em minhas mãos e não gosto de ser mandado, principalmente por uma Guardiã do Amor.

— Se estou o incomodando, vamos resolver logo esse assunto, pois vejo que se tornará um grande tolo em não me escutar.

— Você fala demais, aprecie a minha vitória.

— Não estou vendo vitória alguma, ser iludido.

— Iludida ficará quando penetrares em meus domínios, porque não será de Lucyfer yê, e sim minha. Como pode acreditar que entregaria a minha peça mais cobiçada a ele, se fui eu quem fez essa idiota de Deusa do Amor cair para que viesse coagi-la para se voltar novamente para a luz?.

— Lucyfer yê não o deixará, ser hediondo, pois é a ele quem você deve respeitar, ou não foi em suas mãos a quem confiou o seu destino, ao invés do nosso Amado Criador?

— Cale-se, infeliz. Não sabe o que fala. A Lucyfer yê devo muita coisa. Mas, quanto a você, é minha e não a entregarei a ninguém. Com você serei poderoso, além de me satisfazer em todos os sentidos de prazer, poderei conquistar aquele a quem você ama depois do seu Criador.

— Não seja ingênuo, não poderá nunca ser vitorioso enquanto estiver nas trevas da ilusão, Lahor. A Lei e a Justiça Divinas a todos e a tudo estão vigiando e não será você quem as burlará no sentido de desafiá-las.

— Por que apela para quem está deixando-a cair em meus domínios? Esqueça tudo e se entregue ao seu novo senhor.

— O meu Senhor sempre foi, é e sempre será o amado Criador, nosso Pai Maior; é a Ele que devo obediência, é a Ele que Amo acima de tudo, então esqueça, pois poderá dominar-me, mas nunca me terá.

— Está enganada, mais cedo ou mais tarde saberá que serei seu único senhor, e juntos seremos o poder do sexo e do prazer. – Lahor gargalhava pelo prazer de suas ilusões mais íntimas.

— Nunca terá de mim tal absurdo, ser do desamor humano. Você terá apenas um corpo. Minha mente e meus pensamentos serão sempre no Amor Divino ao Amado Senhor, nosso Pai Maior – a Guardiã não teve tempo de terminar o que falava, ao redor de seu corpo surgiu uma rede energética prendendo-a em todos os movimentos.

Um tremor de terra aconteceu nesse instante; surgiram, não sei de onde, cavalheiros da Morte que traziam no peito o símbolo sagrado do Amor e da Vida. Vocês me perguntarão por que da Morte, se traziam os símbolos da Vida. Era porque tinham em suas mãos foices iguais àquelas Amazonas que também serviam à Morte. Além deles vieram Guardiãs e Guardiões Guerreiros que, ao se mostrarem, fizeram com que metade dos seres demoníacos desaparecesse como por encanto e a outra metade foi massacrada; não saberia descrever o que aconteceu, era uma batalha em que as Amazonas receberam auxílio de grandes seres luminosos.

Em meio a tantas energias, estrondos, espadas, apenas tentei sair ilesa e me transportei, sem meu Trono, sem minhas espadas sagradas, até o domínio de um ser trevoso que havia prestado favores não fazia muito tempo, mas, como todo ser trevoso, não demorou muito para me trair e, assim, entrei no ciclo encarnacionista.

Estava emocionada em ver que, por minha vaidade e por meu desequilíbrio racional, proporcionei tantos sofrimentos. As lágrimas eram copiosas e banhada nelas senti pousar em meu ombro delicada mão, tirando-me do transe em que a recordação me transportava.

— Por enquanto chega de relembrar o passado, com certeza foi muito proveitoso o que acabou de saber – falava-me a Rainha, com ternura e carinho.

— Não, Rainha, preciso conhecer o resto de minha vida errônea, de meus pecados. Como pude ser tão cruel, trair a quem me amava e cuidava como mãe e irmãs? O que aconteceu depois? Como foram salvas? Devem ter sofrido muito com minha traição.

— Equilibre-se, Ane. Aos poucos saberá mais sobre suas vidas passadas.

— Agora entendo por que minhas irmãs guerreiras sentem tanta raiva de mim. Vocês devem ter sofrido muito para voltarem a ser o que eram.

Todas as sete guerreiras me olhavam com olhares duros, mas já não sentiam rancor em seus corações. Sei disso porque antes, quando olhava seus chacras cardíacos, eram sem luz e escuros quando se dirigiam a mim, coisa que não acontecia quando falavam com a Rainha, e, após eu rememorar o que fiz de errado e estar demonstrando dor por ter cometido tantos erros, os chacras cardíacos estavam luminosos e calmos. Podia até apostar que demonstrariam mais carinho, afeto comigo, se aquele jeito de duronas que toda guerreira precisa ter não fosse tão expressivo.

Tomei uma atitude inusitada e engraçada para elas. Como percebi uma luz de Amor sincero e de perdão, não me contive e comecei a abraçar e beijá-las, o que de imediato desarmou-as de seu militarismo, e todas coraram suas faces com o rubor da timidez natural de quem não estava mais acostumada com gestos de perdão misturados com os de carinho, amor e saudades.

Vendo-nos reconciliar, a Rainha, com um lindo sorriso no rosto, enviou-nos saindo de seu coração irradiações de Amor puro e desapareceu, deixando-nos a sós com nossas saudades e muita coisa para recuperarmos em tanto tempo longe.

Capítulo 9

Conhecendo a Verdade

Após nos abraçarmos, trocarmos carinhos, de nos sentirmos perdoadas, principalmente eu, já era hora de ficar inteirada dos acontecimentos e começar a ser útil para minhas irmãs guerreiras.

— Antes, minhas irmãs, preciso saber algumas coisas, pequenos detalhes, para continuar minha jornada, seja ao lado de vocês, ou pelo que for me destinado a cumprir.

— Não vá pensando que por estar perdoada abusará de nós, porque continuamos Guerreiras e não cedemos em nada nossos princípios – faloume já recomposta Shira, a guerreira da Vida.

— Não pense que irá apenas ficar sem fazer nada e que ficamos conversando sem ter nada o que fazer – disse Naíra, sempre a mais séria de todas.

— Preciso saber o que aconteceu logo após eu ter fugido daquela batalha infernal.

— Você quer mesmo saber?

— Sim, Naíra, minha consciência não se acalmará sem saber de tudo, mesmo que for difícil, preciso saber.

— Então contarei tudo até onde eu achar que precisa saber. Após você sumir, a batalha ainda demorou para acabar. Lahor, percebendo que perderia se continuasse ali, porque estava só (o seu mestre Lucyfer yê não o ajudaria após tal traição por sua parte), fugiu com a Rainha, largando todos os seus escravos que lutavam ensandecidos contra toda a legião de Guerreiros, Guardiões, Cavaleiros e Amazonas da Morte, que tiveram dificuldades em nos resgatar. Foi uma batalha sangrenta porque Lahor havia preparado tal ataque há muito tempo. Conseguiu o maior número de escravos possíveis para perdê-los e ainda ter muitos para o servirem quando fugisse com o objeto cobiçado, a Guardiã, que para ele traria prazeres e poderes, a mulher amada de um grande Guardião que o faria ser melhor que Lucyfer yê, pois este nunca conseguira agarrar tal guardião que sempre atrapalhava seus planos. Foi trabalhoso resgatá-la, Lahor a maltratava, desenergizava, de tudo fazia para que ela caísse, mas para o seu azar a Rainha manteve seu Amor e sua Fé ao Amado Criador sustentado, até nos momentos em que sua consciência era subjugada. E com sua força, seu Amor e Fé ao Divino Criador, conseguiram resgatá-la para que ela voltasse a reencarnar como uma rainha generosa perto de seu amado.

— Quer dizer que perto não é ficarem juntos? Como posso perguntar?

— Você quer saber se os dois conseguem viver como marido e mulher, amarem-se como você e Leon?

— Isso, Riana, minha irmã guerreira do Amor, eles conseguem vivenciar o Amor juntos?

— É engraçado, o Amor dos dois é divino, eterno e lindo, mas é difícil eles passarem uma encarnação toda juntos, mesmo no astral eles se encontram de vez em quando e nenhum deles reclama ou se revolta com isso, porque cada um deles tem sua missão junto ao Amado Criador, e mesmo quando encarnada não se sobrepõe, está ajudando-o de alguma forma.

— Quem é esse Guardião?

— Não acha que quer saber demais, Ane? Se continuarmos a falar da Rainha já sei que teremos problemas mais tarde, porque para ela o melhor é não saber demais, só o suficiente.

— Ela já sabe que estamos falando dela, não é mesmo?

— Sim, e já nos mandou mudar de assunto.

— Mas como ela consegue?

— Se quiser, conversamos sobre outras coisas, pois já começou a adentrar em mistérios de novo – Naíra dizia isso para esconder que tinha sido ela quem avisara para a Rainha sobre o meu interesse no seu amado Guardião e como Naíra é sensata, inteligente e amiga dedicada, questionou-a se poderia desvendar o nome do seu amado, coisa que pediu a amiga Guerreira para mudar de conversa e deixá-la como assunto principal.

— Está certo, já entendi. É melhor não saber tudo; apenas o que me ajudará a sobreviver aqui embaixo, correto? Mas, para finalizar, e a vocês, o que aconteceu?

— Bem, todas nós passamos por um período de regeneração e tratamentos para encarnarmos, visto que nunca tínhamos vivenciado tal experiência. Foi a única vez que nós todas encarnamos e continuamos com os nomes que tínhamos quando encarnadas.

— Isso eu já imaginava que havia acontecido, o que quero saber é se conseguiram relembrar tudo logo após o desencarne, se precisaram de ajuda como eu, se logo retornaram aos seus cargos, se os seus poderes são os mesmos, se...

— Chega de tanto se, Ane Marie, mais parece uma criança descobrindo o mundo do que uma Guardiã do Amor – falava Pandora, a Guerreira do Saber, rindo da ingenuidade de sua amiga-irmã.

— Cada uma de nós encarnou em lugar diferente, não tivemos uma vida encarnada fácil, porém não fomos guerreiras, cada uma serviu ao Criador como pôde. Não O traímos e O amávamos muito, tanto que nossa religiosidade era vivida em todos os sentidos. Quando desencarnarmos, fomos recebidas por irmãs generosas, que trataram logo em demonstrar quem éramos, tivemos nossas memórias rapidamente rememoradas, nossas consciências já estavam voltadas para a vida espiritual, diferente da sua. Nós queríamos lembrar e logo estávamos assumindo nossos postos junto a outras Guardiãs, até estarmos totalmente preparadas para agora, unidas, servirmos ao Amor de Nosso Pai Maior em todos os seus sentidos, como fazíamos há muitos milênios incontáveis.

— Então, na realidade, isso demorou muito tempo, tudo o que fiz serviu para atrasá-las em suas evoluções?

— Não diga isso – olhava-me Sandara, a Guerreira da Evolução no Amor, com seus olhos amendoados transmitindo-me paz – se aconteceu é porque foi preciso, aprendemos muito com a encarnação vivenciada, com o tratamento no astral, o aprendizado por servir várias Guardiãs e ajudar a muitas quando foram para o corpo de encarnada. É verdade que tínhamos mágoas de você, porque, além de tudo, parecia que fazia de propósito não se lembrar de nada.

— Quanto a você, relembrará de tudo logo, assim que se desprender do medo que ainda possui do novo, ou do que poderá ressenti-la por ter se machucado e, o pior, machucado muitos a quem amava – foi Riana quem falou com muito carinho.

— Estou vendo, minhas irmãs, que ainda chorarei muito por ter ferido pessoas que me foram amadas e tive a coragem de não olhar para trás, para ajudá-las como estou sendo ajudada agora pela Rainha, por Leon e todas vocês.

— Não se preocupe, terá a eternidade inteira para redimir-se dos seus erros.

— Ai, ai, já vi que terei muito que me desculpar, só na última encarnação fiz mal há pelo menos metade daqueles que viviam naquela cidade francesa.

Gostaria de abrir um parêntese para explicar-me sobre alguns fatos ocorridos nessa briga: ao falar que lutamos com as espadas, no mundo astral, na verdade não há lutas corpo a corpo, então o sentido figurado é para que entendam que foi preciso muita habilidade para podermos não nos machucar, e as Guerreiras não queriam me ferir, apenas me provocar para que relembrasse mais rápido sobre a nossa "separação", e o motivo das espadas terem nos cortado é porque o mistério sagrado não estava ativado, fazendo com que o fio da espada realmente cortasse nossa "pele espiritual". Por que não estavam ativadas? Porque não éramos ameaças inimigas, apenas um grupo de "Guardiãs" resolvendo antigos desafetos.

Sobre as espadas estarem lá por muito tempo, sem chamar a atenção? Acontece que, ao lançar as espadas em direção à rocha, mentalmente a Guardiã do Amor selou-a com um mistério de minério que a rocha possuía, encobrindo-as às vistas de possíveis "predadores" de espadas alheias, ficando as espadas com aparência de um minério agregado à rocha, mas, para olhos treinados, viam-se duas espadas sagradas fincadas na rocha à espera de sua portadora, sem contar que, a bisbilhoteiros e desavisados, uma espada sagrada só pode ser empunhada pelo seu dono, ou dona como eu, mas como havia muitas forças envolvidas, muitas que algum ser trevoso "espertinho" poderia saber manuseá-las sem ser purificado, a Guardiã achou melhor escondê-las, protegendo-as, uma vez que não saberia quanto tempo demoraria para me tornar lúcida novamente para empunhá-las. Isso tudo fiquei sabendo muito tempo depois.

As Guerreiras Guardiãs mostravam-me os poderes das espadas, como usá-las, ficava abobalhada em saber que, ao segurá-las pelo cabo, suas energias poderiam pulverizar um espírito.

Comecei a ficar assustada e quase as devolvi para a rocha, tanta foi a preocupação em possuí-las e dar-lhes usos indevidos. Agradeci a Deus por não ter machucado de verdade as Guerreiras, já as amava com tanta intensidade que pareciam doer esses pensamentos de que poderia ter feito pó delas.

Capítulo 10

Aceitando Novos Desafios

Estava pensativa, perguntando-me se deveria continuar, quando as Guerreiras começaram a gargalhar, debochando de mim:

— Onde já se viu uma Guardiã medrosa? Esse título, em toda a minha existência, não ouvi falar.

— Estou vendo que teremos de criar um novo grau de Guardiãs.

— O problema é que não terá respeito algum – todas voltaram como eram, sempre zombando dos outros, era a forma de conseguirem desarmar seus inimigos e atrapalharem novas investidas.

— Como sabem que estou com medo? Não disse nada, não me digam que vocês lêem pensamentos!

— Claro que sim, Ane, você não percebeu que estamos sempre adiantando seus passos?

— Mas isso é impossível, assim nunca poderei ter um segredo que vocês saberão tudo.

— Fique tranqüila, é só aprender a não pensar, que então ninguém saberá nada.

— Isso é difícil, Náshila, eu, que em minha vida encarnada conversava comigo mesma mentalmente, preferia ficar quieta quando podia, claro, para poder meditar, pensar o que poderia fazer para conseguir tudo o que queria. E também não é justo todas ficarem sabendo o que penso e eu não.

— É só você treinar, Ane – falava-me Riana, sempre tão amorosa.

— Mas não sei nem por onde começar. Não sinto nada vindo de vocês, acho que não conseguirei.

— Realmente não conseguirá nada mesmo conosco, Ane Marie. Nós não pensamos quando estamos em lugares em que o nosso pensamento possa ser ouvido, principalmente por inimigos. Se não percebeu, estamos em um lugar neutro, fora dos domínios da Rainha, apenas para que você pudesse resgatar suas espadas simbólicas.

— E vocês só me contam isso agora, Naíra?

— Por que ficou apreensiva, Ane?

— Caramba, podemos ser atacadas e vocês estão paradas tranqüilamente, como se estivessem em suas casas?

— Não tenha medo, estamos alertas e, além do mais, você pode lutar caso seja necessário.

— Lena, não brinque comigo, eu ainda não sei nada para entrar em apuros.

— Então se prepare, porque iremos dar um passeiozinho até uma gruta em que não nos receberão como amigas, está bem?

— Shira, o que vamos fazer? Vocês não me levarão para nenhuma encrenca, não é mesmo?

— Por que acha que é encrenca, Ane?

— Oras, a pedra encrustrada em sua espada, de azul-clara está ficando rubra. Isso para mim quer dizer problemas, não é?

— Adivinhou, Ane. Quando nossas pedras simbolizadoras de nossos graus começam a mudar de cor é porque está sendo atentado o equilíbrio justamente nesse campo do Amor.

— Isso quer dizer, Shira, que só você resolverá esse problema, e nós ficaremos aqui esperando?

— Ane Marie, não seja covarde – falou-me rispidamente Lena, a Guerreira da Justiça –, o confronto não necessita ser apenas o de Shira. Quando estamos unidas e há apenas um desequilíbrio, todas acompanhamos quem precisa resolvê-lo, inclusive você.

— Mas, irmãs Guerreiras, o que poderei fazer para ajudá-las?

— Na hora saberá, muitas de suas faculdades surgirão no momento certo, e em outros as realizará como se nunca as tivesse esquecido. Agora chega de conversa – Naíra, sempre objetiva, acabara de falar e me fez segui-las para resolvermos o impasse que Shira precisava resolver.

Estava muito apreensiva em ter de ajudá-las, não me sentia preparada para enfrentar um entrave. Na verdade estava com muito medo do que poderia encontrar e não podia deixar de acompanhá-las depois de todas me olharem com aqueles olhos novamente frios, sérios, dizendo-me que não era hora para dúvidas e covardia, porque isso eu queria ser, covarde, só para não precisar encarar os seres trevosos que nos esperavam. E, como também não gostava de ser desafiada, o meu orgulho falou mais alto quando Pandora, com sua maneira de falar, de colocar as palavras, com o conhecimento que só ela tinha, por isso era a Guerreira do Amor no Conhecimento, disse-me olhando nos meus olhos:

—Ane, enquanto se fechar em seu abstracionismo – que não é mais do que isso esse seu medo infundado, pois na verdade está querendo realmente é provar suas novas habilidades – ficará sendo um espírito sem luz, atrofiando-se em suas interrogações egoístas, parada em sua evolução e não conhecedora de quem é e o que realmente pode realizar. Por isso decida o que vai querer: nos acompanhar e lutar caso necessário, ou voltar para o "Nosso Recanto" e ser novamente um espírito merecedor de nossa piedade?

— Eu vou com vocês, não preciso que fiquem com pena ou cuidados para comigo, sou suficientemente capaz de ajudá-las no que for necessário.

Todas sorriram entre lábios, sabiam que não aceitava ofensas e muito menos ser colocada à prova. Eu fiquei realmente muito brava, o sangue havia subido igual a quando, momentos atrás, haviam feito para que lutasse com elas. As Guerreiras eram sábias e ardilosas, pois conseguiam fazer quem quisessem entrar em uma batalha com elas.

A verdade era que não me achava preparada, havia muitas coisas para aprender antes de fazer algo que eu pudesse me arrepender depois. Sabia que já conseguia ver muitas coisas com olhos mais treinados, mas ainda não sabia ouvir pensamentos como as Guerreiras, e tinha certeza de que isso era fundamental para conseguirmos sucesso nas trevas. Mas não podia fazer mais nada a não ser acompanhá-las e confiar no que disseram, que muitas coisas eu lembraria e que outras faria como se nunca as tivesse esquecido.

Volitamos para um abismo. Em sua parede havia uma gruta, paramos na entrada do abismo e analisamos a situação.

Era enorme, tinha logo após a entrada a parede repleta de caveiras, de espíritos femininos, isso eu vi com minha visão aguçada, estava toda em alerta, e a visão olhava tudo em detalhes; notei que além de ossos havia um corpo envolvendo-os, não sei de que material ou organismo era, mas era outro corpo revestindo os ossos das caveiras, porém invisíveis a olhos não treinados. Era um corpo muito parecido com águas-vivas, era composto de água gelatinosa. Olhando esses corpos femininos, vi que deles saíam ligações finíssimas de onde seria a parte sexual, segui com a visão esses fios que tinham cor de terra preta até onde estavam ligados. Quando cheguei à “fonte” irradiadora de energias condensadas, assustei-me e só não nos delatei porque Riana, atenta, tampou minha boca, abafando meu grito de horror.

Não me lembrava de ter visto ser tão deformado, descomunal e infernal. Nem os monstros que me torturavam com Hagashor eram demoníacos dessa forma. O ser era uma massa deformada de cor rubra, um sangue vivo a escorrer-lhe por todos os poros. No lugar do seu sexo havia sete garras cortantes e uma fenda enorme com ventosas. No lugar de onde deveriam ser os seus seios, havia bocarras repletas de dentes afilados. Os seus membros (mãos e pernas) eram repartidos ao meio, sem dedos, pareciam dois dedos enormes providos de ventosas. Não consegui encontrar a cabeça, apenas um pulsar frenético onde deduzi ser o mental daquela criatura horrenda. A única coisa que pude observar com certeza é que era um ser feminino envolto de muita condensação energética sexual, que estava se negativando há muitos séculos para chegar nessa monstruosidade.

Era um salão enorme, estava coalhado de espíritos ainda humanos, tanto de homens como mulheres, todos já bastante desgastados energeticamente. Amontoados de frente ao ser bestial, muitos já haviam perdido a consciência e outros tantos estavam dementados pelo horror que se desfilava aos seus olhos.

As mulheres caveiras açoitavam todos os prisioneiros. Em seus chicotes nas pontas era visível uma lâmina pequena, irradiante de energias escuras. Fiquei olhando bem para encontrar o que estava deixando os seres ali amontoados inconscientes, dementados e todos eles sexualmente excitados.

De onde estava tinha de redobrar a minha visão. Era longe do local e precisava descobrir algum ponto fraco para podermos invadir e ajudar aqueles irmãos em apuros. Demorei para entender que só excitados aqueles espíritos satisfaziam o ser monstruoso. Quando o espírito humano ali preso se excitava o suficiente para ter uma explosão de energias sexuais, era pego pela horrenda criatura por seus dedos com ventosas, levado à sua tortura final. Se o espírito fosse homem, era levado até onde seriam os seios, bocarras enormes com dentes afilados que sugavam sua energia sexual e acredito que até a vital pelo seu órgão sexual, o pênis humano. Se o espírito fosse de uma mulher, era levado até a parte onde havia as garras e adentravam pela vagina humana, e outras sugavam a energia que vertia pelos seios humanos. Tanto o espírito feminino quanto o masculino eram tomados com tanta agressão que não suportavam a dor lancinante, emitiam um urro de dor e desmaiavam para poderem aguardar mais tarde outra sessão de torturas com a energia que sobrasse.

Presenciei que, quando o espírito já estava totalmente esgotado energeticamente, o ser monstruoso, percebendo que a fonte de energia sexual daquele espírito esgotara totalmente, fazia uma absorção em que o transformava, já nulo de energias sexuais, em ovóides. As caveiras, quando isso acontecia, entravam em *frenesi*, corriam para pegar aquele ovóide e o guardavam em um outro amontoado de seres humanos perdidos em suas dores finais.

Estávamos já há algum tempo observando tudo e todos naquela gruta. Como olhava o mecanismo de torturas, as Guerreiras chamaram-me a atenção para o restante da caverna. De novo me assustei vendo que era um labirinto sem fim e que tanto os espíritos quanto os ovóides que achava que fossem muitos naquele salão principal na verdade eram em número bem pequeno ao deparar-me com salas e mais salas cheias de espíritos e ovóides subjugados pelo mesmo mental trevoso.

Não agüentei, comecei a chorar em silêncio, tal o tamanho da bestialidade que estava presenciando. De sentimento de tristeza, começou a aflorar um sentimento de justiça, de fazer a lei com minhas próprias mãos. Não poderia deixar tanto sofrimento impune desse jeito. O meu corpo espiritual se transformou, dele começou a irradiar uma forte luz, que chamou a atenção de caveiras-soldados que montavam guarda na porta de entrada da gruta.

As Guerreiras Guardiãs não tiveram tempo para me impedirem de fazer tal burrice, quando viram que me desequilibrei já tinha nos delatado. Acredito que, se pudessem, as Guerreiras me bateriam, tal foi a bronca que elas exalavam de seus poros.

— Ane, não sabe ficar quieta mesmo, não é? Quando sairmos dessa, juro que vai se ver comigo e aprender a nunca mais nos colocar em encrencas – falava-me Pandora, já com sua espada em punho.

— Vamos logo corrigir sua falha, Ane. Agora vai lutar por bem ou por mal, não terá tempo de escolher – dirigiu-se Riana a mim, sem se virar.

— Fiquem despreocupadas comigo, fui eu quem começou, serei eu quem terminará, Irmãs.

Não houve muito tempo para pensarmos o que fazer, estávamos cercadas por caveiras femininas nada agradáveis. Todas elas usavam o tal do chicote com a ponta laminada e muitas outras com espadas em punho.

Todas nós, oito guerreiras contra uma legião de caveiras, levantávamos nossas espadas acima da cabeça, irradiava uma luz que explodia a caveira mais próxima. De repente, Naíra grita para nós:

— Irmãs, todas nós encostemos nossas espadas uma nas outras para unirmos nossas forças, só assim poderemos vencer.

Eu já estava longe e pude contemplar a força das sete Guerreiras Guardiãs do Amor Divino. Ao unirem suas espadas, fizeram refletir feixes de luzes multicoloridos que, ao invés de fazerem pó das caveiras, as deixaram embevecidas com tal luz, e não demonstravam mais nenhuma agressividade.

Estanquei-me no lugar, estava impressionada em ver caveiras chorarem. Isso mesmo, as caveiras femininas estavam com lágrimas a escorrer-lhes pelos ossos do rosto. Estava nascendo uma luz dentro delas.

Shira e Riana, devagar, abaixaram suas espadas e começaram a reunir todos aqueles seres cadavéricos à sua volta. As restantes, aos poucos também abaixaram suas espadas e, com um simples olhar, afastaram-se dali ao meu encontro.

Quero ressaltar que estávamos a uma boa distância da entrada da gruta, mas mesmo assim aquelas luzes não passaram despercebidas por quem estava próximo daqueles abismos. Fiquei com medo pelas minhas irmãs da Vida e do Amor, Shira e Riana respectivamente. Ao ver as outras deixá-las só com aquele bando de caveiras, fiquei muito brava e fui logo apontando:

— Vocês são desleais, onde já se viu deixar Riana e Shira sozinhas com aqueles monstros? Vou voltar e ajudá-las.

— Espere, Ane, agora está tudo certo, aqueles seres que estão à volta delas receberam a dádiva do Amor em todos os sentidos. O que para elas agora restará é preparar todas para seguirem a evolução em outro lugar. Vamos deixá-las e ir resolver o que realmente é uma afronta ao Amor em evolução, e logo elas estarão conosco, porque, se não lembra, Shira é quem mais deseja resolver esse impasse, pois esse ser monstruoso, além de exaurir espíritos em suas energias sexuais negativas, também produz efeitos colaterais bem desastrosos na crosta terrestre, fazendo com que certos povos incentivem o Amor à bestialidade, promovendo o aborto para sacrifícios.

— Ane, explicaremos muitas coisas mais tarde, agora necessitamos de toda a nossa atenção para adentrarmos os domínios desse monstro, sem sofrermos conseqüências ruins para nós, está bem? – disse Lena.

— Desculpem-me de novo, estou me precipitando em julgá-las.

— Presta atenção, não desvie seus pensamentos, prepare-se, Ane – bem, o certo é que de repente comecei a caminhar em direção à gruta, precisava fazer alguma coisa. As Guerreiras só perceberam quando já estava bem afastada delas. Estava calma e bem segura do que faria. Sabia que precisávamos entrar, teríamos de fazer com que nos convidássemos, eis a melhor maneira de adentrar um domínio inimigo, isso eu sempre fazia quando encarnada, conseguia entrar onde quer que fosse, sendo convidada; era verdade que muitas vezes eu forçava com que me convidassem, mas sempre era muito bem recebida e conseguia ser o centro das atenções, tornando festas, reuniões, encontros, saraus alegres e interessantes. Era nessas festas que eu fazia amizades com pessoas importantes, conseguia mais clientes para os meus negócios. Então pensei: se dava certo quando encarnada, por que não aqui? Tudo era uma questão de política, saber como penetrar em ambiente não amistoso, sem ser rejeitada no primeiro instante.

Capítulo 11

Adentrando em Domínios Inimigos

Caminhava lentamente, cantarolando e deixando-me ser a mais sensual. Ainda estava com o belo vestido com que a Rainha me vestira, as espadas ornamentavam a minha vestimenta de uma forma bem atraente.

Não me perturbei com a impaciência de minha irmãs guerreiras e, mentalmente, disse-lhes para ficarem calmas, esperava que me escutassem, pois liam pensamentos, coisa que ainda não sabia fazer, mas aprenderia com certeza e depressa. Elas ficaram esperando o meu chamado, ou talvez a maneira de me resgatarem, o que sei é que não fizeram nenhuma besteira em ir me buscar, porque aí sim estaríamos perdidas.

Comecei a chamar a atenção de algumas caveiras que saíam da gruta para verificarem o porquê de estar sem caveiras-porteiras e tomaram os seus lugares. Era engraçado que eu percebia em seus rostos cadavéricos a perturbação e o questionamento de onde estariam suas companheiras que guardavam o local. Nada elas saberiam, porque as envolvemos tão rapidamente que acreditavam, por sermos em número pequeno, poder nos agarrar em vez de serem aplacadas com as sete luzes do Amor Divino, e agora estarem recebendo ajuda e muito carinho para seguirem no Caminho do nosso Amado Criador. Por minha vez, fazia-me absorta de tudo e cheguei perto de muitas caveiras já ali presentes. Não preciso mencionar que todas elas estavam assustadas e quase não sobrevivi, se não tivesse agido rapidamente:

— Olá, minhas amadas irmãs, será que podem ajudar a me encontrar?

— Você é louca? – respondeu-me a que parecia ser a líder com o chicote a estalar no ar – Por que acha que iremos ajudá-la? Não pense que é nossa irmã, porque nada mais é do que um ser humano idiota que se tornará mais uma prisioneira e escrava sexual de nossa chefe.

Precisei agir rápido, ao perceber que aquele chicote me acertaria. Com os meus olhos dominei a caveira, fazendo-a abaixar o braço e descansar o chicote no chão. Não sei dizer como sabia fazer isso, dominar o mental fazendo com que me obedecesse. Foi do jeito que as Guerreiras falaram: algumas coisas lembraria e outras faria como se nunca estivesse esquecido. E foi o que aconteceu, mentalmente ordenei que me fizesse entrar sem aborrecimentos, pois precisaria conversar com sua chefe algo de muito valor e importância.

— Então seremos eu e minhas amigas convidadas a entrar, ou terei de ir embora levando junto comigo algo tão precioso para sua chefe?

— O que é precioso para ela?

— Só poderei dizer a ela mesma, mas, como não gosto de ficar só na frente de seres estranhos, quero a companhia de minhas amigas para que possamos resolver tudo e nos tornarmos realmente irmãs amadas.

— Chame as suas amigas, que as farei entrar.

Logicamente eu estava comandando mentalmente aquela caveira e fazendo tudo parecer normal.

As Guerreiras não acreditavam no que estavam olhando, mas era melhor entrarem comigo e tentarem resolver tudo pacificamente, coisa impossível, ou ficar fora de uma boa batalha. Percebia que queriam dizer-me algo, mas eu ainda não sabia ler, ou melhor, escutar pensamentos; então, se elas tinham um plano, eu com certeza seguiria o meu, deixando-as descobrirem o que faria, já que eu não pensava mais para que nem elas e mais ninguém soubessem o que eu faria.

Adentramos a gruta acompanhadas de muitas caveiras-soldados.

No fundo do meu ser, incomodava ver tanta maldade, desumanismo era a palavra certa, controlei bastante meu instinto impulsivo e segui calmamente até uma "sala" enorme onde a chefe estava assentada em um trono em que não se via nada, tamanha era a monstruosidade de quem estava assentada ali.

Eu e as Guerreiras precisamos nos controlar bastante, visto que aquilo era enorme e fétido, cheirava a sangue velho e coagulado. Esse cheiro se devia aos abortos e sacrifícios humanos que ela aceitava. Tínhamos de ser fortes e fizemos parecer que nada nos abalaria.

Ao estarmos de frente com a monstruosidade, as caveiras nos lançaram direto ao solo, onde caímos de joelhos. Houve uma gargalhada geral, ao nos verem enlameadas por causa do lodo que existia. Não me deixei enfurecer. Levantei-me e, novamente, jogaram-me ao chão. Dessa vez perdi a paciência e, sem me controlar, expandiu de mim uma forte luz dourada que pulverizou muitas caveiras próximas. Então já de pé, olhei para ver quem mais queria sentir o poder de minha espada. Consegui com isso um bom espaço para dirigir a palavra ao monstro:

— Irmã amada, por que recepciona assim quem a quer como amiga?

— Não disse que a queria aqui para falar bobagens. E esqueça essa coisa de irmã. Pois, se eu a quisesse assim, com certeza não seria amada, e sim odiada.

— Sei que está ressentida com muitas coisas, mas nós estamos aqui para retornar o Amor ao seu coração, minha irmã querida.

— Chega de irmã, o que quero de vocês é essa energia que inunda esses seus espíritos idiotas. Se mais eu quiser, mais conseguirei quando em suas dores finais forem lançadas.

— Sei que não fará nada que possa machucar as irmãs que sabem como aplacar essa sua sede de vingança contra o sexo.

— Nada sabem e nada saberão, não estou interessada em aplacar minha fúria contra esses seres insignificantes. E se nada mais têm a me oferecer, nada adiantará suas súplicas porque agora são minhas para absorver toda essa energia que em vocês existe em abundância, seres imbecis.

— Está errada, amada irmã. Se tocar em uma de nós, a luz que se irradiou há pouco tornará a irradiar em tamanha intensidade, pois não gosto de me sentir ameaçada nem que ameacem minhas irmãs Guerreiras, que a fulminarão, inclusive os seus pares masculinos que a sustentam energeticamente. Será uma troca interessante: eu e as sete Guerreiras do Amor ou você e seus sete companheiros de infortúnios. Basta querer saber quem terá mais força e quem servirá melhor ao Amado Pai Criador de todos nós.

— Está mentindo, nada poderá fazer-me, muito menos àqueles que me sustentam, que são meus maiores escravos e que a mim devem respeito e obediência.

— Não estou não. – Enquanto conversávamos, segui muitos de seus fios e consegui localizar sete ligações com seres trevosos que mantinham uma troca de energia com aquele ser. Quando estavam energeticamente carregados após terem sugado os mais variados tipos de energias de espíritos humanos ou não, ela os retirava, deixando-os em farrapos, para novamente saírem à "caça" de mais energia. Eu já havia observado algo estranho quando estava fora da gruta, mas isso era realmente assustador. Esse ser era um absorvedor sem fim de energias, principalmente as sexuais.

Eu precisava de um pouco mais de tempo para terminar com tanto sofrimento que estava acontecendo.

— Não percebe que nós duas temos algo em comum? Não é por acaso que estamos frente a frente sem nos agredirmos, ou algo nos impede disso?

— Chega, idiota, está me cansando com suas palavras sem sentido, nunca a encontrei, e estou querendo levá-la à sua dor final sem clemência.

— Faça isso e nunca mais conseguirá rever a sua felicidade junto a seus filhos amados, Ana Clara. – Seu pulsar tomou uma batida mais forte, percebi que consegui penetrar em seus sentimentos mais íntimos.

— Não sei do que fala, sua idiota. Estou cheia de você e agora é o seu fim – gritava enlouquecida e agarrou-me com seus membros, levando-me em direção de suas "garras". Nesse instante, com toda as minhas forças, entrei em seu mental e irradiei com toda a luz que conseguia os fatos que a deixavam fragilizada e, irradiando-me com a minha luz dourada por todo o meu corpo, vi aquele ser bestial se emocionar, soltar-me e chorar acariciando no imaginário crianças, com seus braços deformados.

Estava emocionada em ver ser tão desprezível ter emoções, afeto em seu coração, que encontrei a partir de seu choro. Com lágrimas nos olhos, abracei aquele ser deformado e deixei as lágrimas caírem em abundância e clamei com toda as minhas forças:

— Pai amado, misericordioso, eu clamo a Sua Generosidade para essa sua filha, que por não compreender vossas vontades deixou-se entregar no lodo da degeneração humana, transformando-se nesse ser. Peço-Lhe, Pai amado, que o inocente não pague pelo culpado, sei que por minha impiedade fiz essa sua filha amada cair tanto em sua evolução. Pai Maior, que a todos cobre com seu Manto sagrado, que a todos dá a oportunidade de melhorar, de ser digno perante Seus olhos, por favor, eu Lhe rogo que alivie as dores de minha amada irmã, transferindo-as para mim, que nada sou além de uma pecadora das Leis Maiores, levando ao infortúnio tantas irmãs ao abismo dos erros humanos. – chorei todas as tristezas por eu ter deixado cair uma irmã tão amada, que em uma de minhas encarnações fiz sofrer todo o mal que possa existir: a humilhação, a traição minha e do marido amado, a dor física e moral, e a pior de todas as maldades: degolar seus filhos à sua frente. Como fui perversa com uma irmã que não tinha mais culpas por ter sido um dos principais motivos de minha queda como divindade do Amor, naquela época em que possuí um Trono, o meu amado Leon também era uma divindade, as sete Guerreiras, pois havia sido ela a sacerdotisa do Templo que impusera os abortos e os sacrifícios humanos, e inconscientemente nessa encarnação em que nos encontramos para sanar nossas mágoas. Eu impus todos esses martírios a ela, por ser mais feliz e sucedida do que eu. Como isso tudo podia acontecer? Deveria eu ser o monstro e não quem havia sido vilipendiada, maltratada, roubada em todos os sentidos. Como poderia eu estar no meio de pessoas tão carinhosas como a Rainha, as Guerreiras, Leon e Madeleine? E não bastasse saber de Ana Clara, antiga sacerdotisa do Amor, os seus sete sustentadores, também fui eu quem os fez cair. Era muita tristeza e culpa que sentia. Fiquei por muito tempo abraçada àquele ser a quem estava amando e a quem eu devia tanto para estar onde estava. Depois de muito tempo, senti tocarem o meu ombro, não queria soltar aquele ser, assim acreditava que, se não podia fazer nada, pelo menos estaria compartilhando a sua dor. De olhos cerrados, abraçava-a cada vez mais.

— Ane Marie, solte nossa irmã e abra seus olhos.

— De jeito nenhum, não posso soltá-la. Enquanto estiver abraçada poderei fazer sentir-se melhor, por favor deixem-nos sozinhas.

— Ane, abra pelo menos seus olhos e veja como ela está melhor, irmã amada.

— Não sou amada, sou impiedosa. Como pude deixar isso acontecer?

— Será impiedosa e egoísta se não nos deixar abraçar a nossa irmã que só você quer para si. – foi como um bálsamo escutar isso; mais calma, abri devagar os meus olhos e atônita me vi abraçada com uma linda mulher, com lindos olhos marejados de lágrimas a me sorrir.

— Obrigada, irmã do meu coração, a sua comoção fez com que a perdoasse e a mim também, precisava tanto disso para poder ter essa transformação milagrosa em minha existência.

— Mas eu não fiz nada, só me sentia culpada pelo seu estado, tinha de fazer algo, não quero mais carregar comigo tanta culpa e remorso. – Eu não havia percebido que tudo ao redor se modificara, nem que já não éramos só nós, eu e as Guerreiras que compartilhavam dessa alegria, e novamente senti a mesma mão pousar em meu ombro, e dessa vez fui ver quem era:

— Ane, não vai compartilhar essa alegria com suas outras irmãs? – era a Rainha, sempre linda, irradiando nesse momento muito Amor no que era antigamente uma gruta escura e fétida.

— Como pode ter ocorrido tamanha transformação? O que aconteceu aqui? Onde está todo mundo? – com um belo sorriso, tive a resposta da Rainha:

— Quando você começou a andar sozinha, como uma louca, as Guerreiras avisaram que com certeza entraria em encrenca. De longe, comecei a vigiá-las e coloquei todas as minhas auxiliares de prontidão, caso fosse necessária uma intervenção nossa. Na hora em que abraçou a nossa irmã Ana Clara, viemos todas para cá, mas graças ao nosso Amado Pai, o seu mistério se abriu, deixando-nos apenas para socorrer todos os que se beneficiaram com ele e com o fim do negativismo de Ana Clara.

— Mas eu volto a dizer: nada fiz e, se fiz, não sei como! – olhava para todas abobalhada. – Bem, mas aceito o abraço de vocês mesmo assim, porque aprendi a não recusá-los. – Estava muito contente; deveria, sim, era saber que muita alegria acaba sempre com mais responsabilidades: não é que a Rainha, após muitos abraços, virou e revelou-me:

— Ane, como é bom tê-la feliz, e com essa mesma felicidade peço-lhe que assuma o Trono que outrora nossa irmã Ana Clara estava assentada, para que um dia, quando a sua verdadeira ocupante estiver em condições, o retomará para si.

— Epa, espera aí, eu não quero esse Trono não. Primeiro que não é meu e segundo, porque ainda está todo negativado, isso é que não vou fazer.

— Não tem outro jeito, Ane, é só você que pode assumi-lo, pois ele faz parte do seu mistério. Portanto é você quem terá de honrá-lo e respeitá-lo.

— Rainha, isso é loucura, eu não quero fazer, como poderei tomar conta de algo, em que terei de ficar presa, assentada nele, sendo que não é meu; isso é muita tortura para alguém que mal acordou para a realidade da vida.

— Ane, você não precisará ficar assentada nele, você o absorverá e, quando a sua dona estiver em condições, ela o reclamará.

— Rainha, a senhora não pode fazer isso por mim? Absorvê-lo, cuidar dele para a verdadeira dona?

— Ane, pare de transferir suas responsabilidades. Eu também tenho os meus compromissos, e não posso fazer algo que a você pertence, pois esse Trono faz parte de um grau do seu degrau.

— Como é? E só agora fico sabendo dessas coisas?

— Por que acha que tivemos tanto esforço para resgatá-la de Hagashor? – olhava-me feio Riana – Só para que colocássemos novamente na evolução o seu Trono, caso contrário ficaria tudo perdido por muito bom tempo.

— Desculpem minha ignorância para as coisas da Lei. Tenho de aprender muito e estou entendendo que não posso fugir dessa responsabilidade, não é mesmo?

— Certo, Ane. Vou mostrar-lhe como terminar a limpeza energética do Trono e, logo após, como absorvê-lo. – A limpeza não foi difícil como pensei: ao levantar minha espada acima da cabeça, irradiou-se uma luz que o envolveu todo, deixando-o em sua forma original: um Trono todo luminoso, com apoios de braços altos, ostentando cada um deles uma cruz de brilhantes entalhada de frente para quem o olhasse; acima, na cabeça, onde era o encosto das costas, havia um lindo coração de rubis. Ao estar limpo, eu me assentei nele e o absorvi por inteiro e, quando fosse necessário, era só eu mentalizar que ele surgiria à minha frente.

— Por que está tão emocionada? As lágrimas não param de cair dos seus olhos – abraçava-me Ana Clara, retribuindo o amor.

— Irmã, veja como o nosso Pai Criador é generoso – soluçava diante de tanta alegria de ver espíritos serem removidos daquela gruta, de poder presenciar trabalho tão caritativo, amoroso que a Rainha realizava, locomovendo, além do seu pessoal, um grupo de amigos socorristas que faziam todo o resgate de muitos espíritos ali necessitados e o recolhimento de tantos ovóides. – Caí de joelhos e, elevando meus olhos para o Altíssimo, vibrei todo o meu Amor e agradecimento ao Pai Criador, que mais uma vez fez com que percebêssemos que o ato divino é tudo aquilo que vemos, respiramos, sentimos, porque, se não fosse assim, com certeza essas transmutações não aconteceriam.

— Obrigada, Pai Amado, obrigada por ajudar todos aqui necessitados e por me ensinar que tudo é feito conforme Sua vontade. Eu vou aprender a ser melhor, meu Pai Generoso, e voltarei a ser digna novamente de Vós. – após alguns minutos de silêncio, escuto uma voz familiar:

— Ah, minha Rainha, vou conseguir acompanhar os acontecimentos na mesma hora em que estão ocorrendo? Fico sempre para depois... por que não posso lutar como as Guerreiras, ou como a Ane Marie?– era a Madeleine se queixando de ter ficado de fora. Muita graça achamos quando por trás dela surge Náshila a derrubando e fazendo-lhe cócegas como a uma criança pequena, quando todas caçoaram dela por ser o bebê chorão do Recanto.

— Madeleine quer colinho, quer? Ou prefere leitinho? — Pandora também não perdia uma chance de perturbá-la.

— Minha querida menina – a Rainha a salvou das Guerreiras, levantando-a e, com um abraço apertado, para não fazê-la chorar de verdade, dizia ao seu ouvido:

— Não pense que ficará assim para sempre, preciso de você para muitas coisas importantes e por enquanto aprende mais quando ajuda aos mais necessitados, aos enfermos, às crianças menores. Por isso, não chore e agora me acompanhará junto com Ane Marie para alojarmos todos esses irmãos em aposentos confortáveis. Talvez precisaremos seguir até outra colônia para podermos acomodar a todos.

— É sério, Rainha? Poderei ficar ao seu lado para irmos até outras colônias? – Madeleine já estava toda eufórica de novo, desgrudando dos braços da Rainha.

Capítulo 12

Conhecendo o Trabalho Socorrista

Todos sabiam o que fazer. Era tudo muito organizado.

Como haviam sido regenerados muitos irmãos e irmãs, alguns foram levados para o Nosso Recanto, principalmente as caveiras mulheres. Outros foram levados para outros "recantos" na esfera neutra. Essa esfera é a crosta terrestre, onde os encarnados vivem. Eu não sabia que assim era chamado o local onde vivi muitas encarnações.

Observava tudo com muita atenção e notava que os servidores do grupo socorrista eram diferentes da gente. Eles eram todos luminosos, apesar de controlarem a sua luminosidade – talvez porque cegaria quem os olhasse de frente, o que não era recomendado para pessoas que iriam resgatar, ou seja, outras que as cegassem.

Estava deslocada vendo a Rainha, prazerosa, ajudando os espíritos ali caídos; com muito carinho os envolvia e os deixava mais serenos e tranqüilos. Madeleine era ótima, fazia todos rirem com sua tagarelice infantil.

Tentava reconfortar os irmãos mais próximos, mas posso lhes garantir que estava receosa, tinha medo em dizer alguma besteira, ou de tocá-los. Não era medo das feridas ou chagas que tinham, era medo de machucá-los mais ainda. Percebendo minha dificuldade em como ajudar, a Rainha veio a ter comigo:

— Está se saindo bem, Ane. No início é assim mesmo, acreditamos que mais vamos machucá-los do que amenizar suas dores. Aos poucos verá que o importante para eles é o seu olhar franco, amoroso, suas palavras de carinho e a Fé que tem no Divino Criador a transmitir esperança para um futuro mais evolutivo.

— Rainha, vocês são anjos, conseguem acalmar quem está desesperado de dor, e eu não estou falando da Senhora, pois observei que tem o dom da cura com essas mãos benditas. Eu, o que posso oferecer, a não ser ter vivenciado o mesmo que eles, talvez só em proporções um pouco diferentes? – mostrava toda a minha agonia por não saber fazer as coisas certas, e a Rainha, sempre como uma mãe conhecedora dos filhos que tem, não perdeu a chance de ensinar-me mais um pouco:

— Ane, para você não é necessário ficar desesperada em amenizar as dores desses irmãos. Acredite, muitos você ainda verá e, com certeza, não se conformará com tanto sofrimento. Eu quero que use o seu Amor, o Amor que vem de dentro do seu ser, e será com ele que confortará aos irmãos necessitados. Veja Madeleine, ainda está fechada em sua meninice, não fez aflorar os seus mistérios, mas nem por isso deixa de reconfortá-los com sua brejeirice e, principalmente, sua tagarelice. – Rimos bastante do que ela disse porque era verdade, Madeleine conseguia fazer nascer flor em solo árido com sua alegria de viver.

Vendo-nos alegres e dispostas a ajudar tantos irmãos caídos, aproximou-se de nós um rapaz de seus 35 anos, no máximo – se estivesse encarnado, lógico – alto, moreno, com vestes claras, um olhar bondoso, sorriso largo, chegou abraçando a Rainha (preciso dizer que para ela o seu olhar era amoroso, o abraço apertado entre duas pessoas que há muito não se viam e acredito que só não se beijaram porque eu estava ali, atrapalhando um belo reencontro).

— Há quanto tempo, Lúcius, sinto muito a sua falta, é necessário um trabalho árduo para nos reencontrarmos. Vou precisar arranjar uma forma de agradecer-lhe por ter atendido a esse meu chamado.

— Minha querida, sabe que sempre poderá contar comigo para tudo que precisar. É pena que pouco tempo temos para ficarmos juntos, e pode ficar tranqüila que aceitarei pagamento nas minhas condições por esse chamado.

— Eu pensei que poderia ser nas minhas condições, meu amor.

— De forma alguma, prefiro que eu a leve dessa vez para um local onde jamais foi para poder me agradecer.

Eu já ia saindo de mansinho, visto que estava sobrando no encontro de dois grandes amores, mas fui lembrada.

— Ah, Lúcius, conhece a nossa irmã Ane Marie? Talvez precisemos demonstrar como bons e velhos amigos também podem se amar, não é mesmo? – fiquei envergonhada, eles tinham lido os meus pensamentos, que raiva dá quando a gente se esquece que pensar é proibido, como eu tinha de aprender tantas coisas.

— Desculpem-me, eu só pensei que iria atrapalhar, já que não se encontram sempre e, se fosse comigo e Leon, gostaria de poder matar as saudades com ele. – Novamente eles riram tanto que chamou a atenção de muita gente, principalmente de Madeleine, que veio rapidinho para perto de nós.

— Que surpresa, senhor Lúcius aqui! – e foi logo o abraçando e beijando suas faces. – Por que estão rindo tanto, posso saber? – eu não acreditei na pergunta dela, como podia fazer isso, ela era muito curiosa, e tive de olhá-la com reprovação. – Ane, não olhe assim para mim, é que eles riam com tanto gosto que eu fiquei curiosa para rir também.

— Não se preocupe, Madeleine, é que Ane fez um comentário muito engraçado sobre o Lúcius e eu, só isso.

— E o que foi, Rainha? – insistiu ela em saber.

— Ela achou que eu e a Rainha fôssemos o Amor eterno um do outro, minha pequena borboleta. – E lá estava ele fazendo um carinho nela e todos rindo de mim.

— Ane, você não sabe que a Rainha trata muitos de seus amigos como se fossem seus amores, porque para ela todos os são?

— Eu pensei que fosse aquele que Naíra falou outra vez. – Disse e abaixei minha cabeça em sinal de vergonha.

— O que Naíra falou é verdade, mas, nesse caso, além de ser o meu Amor, é também a minha Vida, o meu companheiro que, como eu, Ane, respeita e obedece os desígnios de nosso Pai Maior. Falo isso para que entenda e não fique pensando besteira, toda vez que me vir trocando energias de carinho e Amor com muitos dos meus amigos, como já me viu fazer com seu próprio Leon, está certo?

— Sim, senhora, vou começar a compreender melhor as coisas aqui desse lado, peço só que me perdoe por tal indiscrição.

— Está tudo certo, você não ofendeu ninguém, apenas nos fez rir um pouco. Agora que tudo está resolvido, será que você não gostaria de levar-nos até a sua colônia de socorro para que Ane e Madeleine possam aprender um pouco, Lúcius?

— Claro, minha amada, deixe-me apenas solicitar ao Thomas que fique em meu lugar, logo poderemos ir.

O Lúcius foi falar com um rapaz, de mais ou menos a idade carnal dele e quase do mesmo tipo físico, apenas tendo a tez e os cabelos mais claros.

Quando Lúcius se afastou, indaguei a Rainha sobre algumas coisas:

— Rainha, desculpe novamente minha indiscrição, mas se nós o acompanharmos, como ficarão todos esses irmãos aqui? E o que aconteceu com os sete seres trevosos que sustentavam Ana Clara? Não ficará aqui desfalcado de ajuda?

— Quantas dúvidas, minha irmã, mas gosto disso porque demonstra preocupação com os outros. Quanto aos irmãos que aqui ganharam o benefício da regeneração, de poder seguir suas evoluções em outros lugares, eles estão bem com todos esses auxiliares meus e os do Lúcius, que os encaminharão para lugares de seus merecimentos. Quanto aos pares sustentadores de Ana Clara, ao se romper o cordão, cada um fugiu para outros abismos infernais com medo de poderem receber ataques nossos.

— Mas, Rainha, eles também foram vítimas de armadilhas do destino, a todos eles eu também causei infortúnios, não poderiam receber a mesma dádiva que Ana Clara recebeu?

— Infelizmente não, Ane. Cada um recebe conforme merecimento e se desejar melhorar, se sentir remorso do que fez, querer perdão de verdade pelos atos errados que fizeram, é verdade que eles receberam ajuda sua para cair, mas, se quisessem, muitos poderiam ter seguido o caminho que o nosso Criador fez para cada um, mas, ao contrário, preferiram sentir raiva, ódio, a querer fazer o que achavam certo por caminhos tortuosos e se esqueceram do nosso Pai Amado.

— E o que acontecerá com eles, minha Rainha?

— Com certeza receberão nossa ajuda assim que estiverem em condições de nos escutarem, porque agora não adianta querermos que nos escutem, pois só carregam ódio de terem sido obrigados a manter Ana Clara na posição que ocupava e agora se sentirem sozinhos sem a proteção dela.

— Eu ainda saberei de uma forma de ajudá-los, Rainha, não conseguirei viver com o peso de saber que eles estão no lodo profundo por minha culpa.

— Já disse, Ane, que a culpa não foi sua, você apenas contribuiu para que a queda deles fosse mais rápida, pois isso aconteceria mais cedo ou mais tarde. Eu tenho certeza de que assim que puder e souber como fazer, vai ajudá-los a saírem desses abismos em que se encontram e os encaminhará no caminho de suas evoluções. – Nisso Lúcius retorna.

— Podemos ir? Madeleine, me acompanha? – Lúcius sabia que Madeleine gostava do contato físico, por isso estendeu-lhe os braços. Ele conseguiu deixá-la toda empoada, como um pavão. Eu e a Rainha seguimos atrás dos dois depois de nos olharmos sorrindo com o jeito dela.

Capítulo 13

Visitando a Colônia Espiritual

Chegamos a um local na crosta terrestre. A parte material ficava mais ou menos na atual cidade de São Paulo, em seu litoral, proporcionando um belo frescor do mar. A Colônia do Amor Maior à Vida parecia uma vila particular, pequena e acolhedora. Paramos em frente ao portão de entrada, feito de madeira e recoberto de flores graciosas, com um tipo de brasão no formato de um coração abrangendo uma estrela de cinco pontas. Fiquei sabendo que o coração era o símbolo da amada Mãe Oxum e a estrela, da amorosa Mãe Iemanjá. A um leve aceno de mão do Lúcius o portão se abriu, revelando lindo caminho das mais variadas flores, perfumes e pássaros que as beijavam e alegravam aquele bosque que circundava a passagem para o interior da Colônia. Escutava ao longe suave música que inebriava os meus ouvidos. Caminhávamos pelo corredor de flores até chegarmos a uma praça, ornada de lindas pedras cintilantes, chafariz de água translúcida, flores sempre embelezando a tudo e todos naquele encanto de morada. Não havia tumultos, tudo era calma e amor nas pessoas, nas coisas.

Eu e Madeleine estávamos hipnotizadas pelo lugar, era um conto de fadas, daqueles que se conta para crianças, só que infinitamente mais encantador. É claro que Madeleine falava como um papagaio, questionando e querendo saber de tudo. Era a nossa criança acordando de um sonho encantado.

Ao surgimos na praça, vieram ao nosso encontro vários jovens, lindos, de vestes claras, de sorrisos largos, expressões calmas e demonstravam muito Amor em suas feições e gestos. Abraçaram Lúcius e a Rainha com ternura e carinho, como se eles fossem seus pais; após cobrirem principalmente a Rainha de beijos e afagos, sem se inibirem nos abraçaram, a mim e a Madeleine, com abraços afetuosos e beijos muitos beijos carinhosos, o que nos fez sem acanhamento retribuir-lhes tamanho gesto de Amor ao próximo.

Acabados os cumprimentos, notei o chafariz que inundava o ambiente com o seu frescor. Meu desejo era de poder lavar meu rosto naquele bálsamo sagrado, a água em sua forma mais pura: cristalina, leve, energizadora, olhava tanto, minha sede de senti-la era muita.

— Pode senti-la, Ane. Aqui você pode tocar no chafariz, beber sua água, energizar-se nela. – Assustei-me com a chegada do Lúcius bem ao meu lado, pousando suas mãos na límpida água, convidando-me a fazer o mesmo.

— Obrigada, senhor Lúcius, realmente queria muito poder sentir essa água em meu corpo, mesmo que seja em minhas mãos e no rosto, coisa que já está me fazendo sentir revigorada. Essa fonte deve ser uma bênção nessa colônia harmoniosa.

— Por que diz isso, Ane? Ainda não a conhece, como já pode ter uma conclusão precipitada? – era Madeleine quem perguntava, curiosa por meu comentário.

— Consegui observar, minha querida, pelas feições e gestos de seus moradores, que mesmo recebendo muitos irmãos necessitados de ajuda, detalhe que você não percebeu, pois os irmãos chegam por outra entrada. Digamos até que de uma maneira mais lógica, já estão todos encaminhados aos seus leitos, ninguém está nervoso ou desesperado pelo trabalho porvir, e conseguem dar muita atenção a todos, inclusive os nossos irmãos que acabaram de nos recepcionar já estão todos em seus afazeres.

— Ane, como conseguiu ver tudo isso? E olhe que os irmãos que nos receberam estão colhendo flores e água sem pressa. – Ela não conseguia identificar a necessidade de cada tarefa, apesar de saber que tudo servia de remédio.

— Minha pequena borboleta – Lúcius, sempre carinhoso, interviu na explicação que eu com certeza não faria do seu jeito. –, esses nossos irmãos que estão a colher flores têm a intenção de alegrar nossos pacientes com suas cores delicadas, suas formas encantadoras e seus perfumes inebriantes, que poderão distraí-los com um pouco da luz divina que nosso Criador nos brindou ao nos oferecer lindo jardim. Quanto aos irmãos que carregam água, é para ser servida aos necessitados de energias, que estão com seus espíritos ressequidos por tanto tempo não sentirem o Amor do nosso Divino Pai. É como a música também que você não perguntou, mas é melodiosa e em seu tocar leva para o íntimo de cada um a generosidade de se viver, a alegria de ter o Amor e a Fé ao Amoroso Criador de todos nós.

— Poxa vida, senhor Lúcius, ainda preciso aprender muita coisa. Como a Rainha fala, eu tenho tentado, mas é que aqui tudo é diferente de onde ficamos – Madeleine falava, fazendo carinha de choro, para demonstrar a sua vergonha, ela tinha o dom de se fazer meiga quando não sabia o que falar.

— Tudo bem, minha borboletinha. Se prestar atenção, a sua estada aqui poderá ser muito proveitosa e poderá, se quiser, ajudar o grupo das flores, ou da água, para aprender como manuseá-las para beneficiar quem precise delas.

— Se a Rainha deixar, quero ir com o grupo das flores para poder senti-las, senhor Lúcius.

— Pode ir, Madeleine, e fique o quanto for necessário para que aprenda tudo sobre as flores e tudo sobre a água do chafariz Quero que volte somente quando já não tiver mais dúvidas e achar que seja futilidade o que podem ser dádivas quando bem ministrado. – A Rainha, como sempre chegando antes de Madeleine pedir e já ordenando que aprendesse tudo o que para Madeleine era desconhecido e esquisito.

— Obrigada, minha amada Rainha – e enchendo-a de beijos, foi até o grupo de jovens colhendo flores, que já a chamavam mediante pedido mental de Lúcius em ensinar-lhe tudo o que ela precisava sobre os benefícios e o uso das flores no tratamento de espíritos desequilibrados energeticamente.

— E você, Ane, não quer aprender também? – olhava-me Lúcius com curiosidade.

— Eu agradeço, senhor Lúcius, mas já consegui aprender a utilidade, tanto das flores como a da água, só observando ao longe a sua aplicação nos irmãos necessitados.

— Então diga o que aprendeu, por favor.

— Ativando minha visão, enquanto Madeleine conversava, segui-os até o quarto onde estavam ministrando copos da água do chafariz, e como me encantaram, também energizaram os irmãos em seu corpo etérico, servindo como suplemento que os acalmou e reequilibrador de suas energias vitais. Sem dizer que, ao lavarem seus rostos e corpos nela, fazem com que se regenerem, tonificando e fortalecendo seus músculos espirituais.

— Correto, Ane. A sua observação é ótima, apenas faltando dizer que a água, ficando em jarras no quarto, deixa-o úmido, facilitando a respiração de quem viveu muito tempo em meio ao lodo. – Falava-me gentilmente Lúcius sobre mais essa propriedade da água do chafariz.

— Entendo por que não conseguia ver antes a razão de cada cabeceira possuir uma jarra com esse líquido divino. Bem, agora quanto às flores, as suas formas, cores e perfumes têm uma razão das mais simples: elas têm a prioridade de reequilibrar o mental, e os sentidos dos irmãos que estão acostumados a verem tudo grotesco, sem cor, coisa de que onde estavam havia ausência dela, ausência de formas de vida delicada como as flores, e voltarem a inalar perfumes agradáveis para poderem esquecer o cheiro fétido do lodo e dos corpos putrefatos, e assim esquecerem um pouco seus tormentos mais íntimos e voltarem a prestar atenção ao nosso Divino Criador, que a todos e a tudo criou com muito Amor. Será que é isso tudo ou deixei de lembrar de alguma coisa? – recebi um abraço afetuoso ao mesmo tempo da Rainha e do Lúcius, que, emocionados, estavam com seus olhos marejados.

— Ficamos felizes por estar se lembrando de tudo, minha amada irmã. Agora poderei começar a levá-la para lugares que, sei, lembrará rapidamente de muitas coisas, mas como temos um tempo disponível e estamos nessa amada colônia, vamos compartilhar da alegria de auxiliarmos nossos irmãos menos afortunados – era a mais doce Rainha quem falava, desfazendo o semblante sempre preocupado e sério.

Acompanhamos Lúcius pelos corredores da colônia, e todos que encontrávamos eram sempre amorosos, dedicados e atenciosos, dedicando-nos um abraço fraternal, um beijo amigável, um sorriso acolhedor. Quando entrávamos nos quartos, a todos a Rainha se dirigia e com as mãos irradiava aquela luz multicolorida em que regenerava, ou pelo menos fortalecia, o espírito debilitado. Como percebi que esse fenômeno era só dela, não me atrevi a imitar; mesmo que quisesse, a Rainha era dotada de um poder regenerador, que mais ninguém vi possuír lá na colônia.

O Lúcius tinha o dom da palavra, de com o olhar transmitir o Amor Divino, que herdamos do nosso Criador Divino. Ele sabia como alimentar almas com poucas palavras, e também possuía um dom de cura com as mãos, mas era diferente da Rainha. Das suas mãos vibravam energias reequilibradas, porém o uso de suas palavras era a sua arma mais poderosa, o uso das mãos só fazia para os irmãos mais enfermos e quase dementados pelo sofrimento.

Eu observava a tudo e tentei ser útil, fui conversar com alguns doentes mais tranqüilos. Pensei que seria difícil, mas, ao me aproximar, percebi o quanto é fácil ajudar alguém. No grupo de pessoas de quem me aproximei, todas as moças estavam com medo, trêmulas com o futuro. Não resisti e segui com o jeito de Madeleine, sorri com tanto Amor, que ao chegar mais perto delas, abracei uma por uma, beijando suas faces pálidas, acariciando seus cabelos e dizendo-lhes palavras cheias de Esperança, Amor e Fé. Quando já estava reunindo ao meu lado algumas pessoas e conversando com outras que não conseguiam se levantar, admirei-me de mim mesma, vendo-me toda dourada e com várias ligações entre mim e todos aqueles com quem conversava. Nessa ligação havia uma troca de energias benéficas, porque não senti nenhuma fraqueza – ao contrário, percebi que estava bem e todos aqueles que comigo estavam ligados começavam a se fortalecer. Chorava de emoção e, pedindo licença, caminhei até a fonte do chafariz.

— Por que as lágrimas caem em abundância? Por acaso houve algo ou alguém que a faz chorar assim? – fiquei assustada em ouvir voz melodiosa perto de mim, sem ao menos ter percebido sua chegada.

— Desculpe-me, eu não havia percebido a sua aproximação – virei e quem me fitava era uma senhora de olhar terno, uma luz rosa-dourada, e aí sim minhas lágrimas não cessaram de cair, chorei em prantos, pela oportunidade de estar de frente com um ser angelical.

— Não chores, minha pequena rosa – abraçou-me e senti seu calor inundar todo o meu ser, como era maravilhoso estar sendo embalada por um anjo – sei o que fez a uma das minhas filhas amadas, e vendo-a tão emotiva quis vim abraçá-la e dizer-lhe que você trouxe para a luz mais um botão de rosa do nosso Criador.

— Não fiz nada, senhora amada, apenas achei que deveria fazer algo para cessar todo aquele sofrimento sem fim, e Ana Clara estava desequilibrada, precisando que alguém como eu, que não tem nada a perder, pudesse trazê-la de volta do seu mundo sem amor. E quando percebeu que poderia amar novamente, consegui reequilibrá-la pela vontade do nosso Amado Pai.

— A tudo vi e presenciei de onde estava, filha minha, por isso venho para poder beijar seus olhos e abençoá-la. – aquela senhora rosa-dourada beijou meus olhos que se encheram de lágrimas cristalinas. Foram dois beijos que nunca mais esqueci em toda a minha vida, dois beijos que inundaram minha alma de Amor, de Paz, de Vida; com os seus beijos tinham meus olhos se fechado para recebê-los, não tenho idéia de quanto tempo fiquei ali, absorvendo aquela dádiva, mas só os abri novamente com o chamado da Rainha:

— Ane, abra seus olhos, minha irmã rosa-dourada, será melhor absorver essa sua cor para não agredir e muito menos chamar atenção para onde teremos de ir.

— Como disse, minha Rainha?

— Olhe seu reflexo nas águas cristalinas da fonte e se veja, Ane Marie. – Ao olhar meu reflexo, eu me vi toda reluzente nas mesmas cores daquela senhora, estava na cor rosa-dourada.

— Rainha, como isso aconteceu?

— Você mesma deve ter a resposta para isso, Ane.

— Mas essa cor eu já sabia que a senhora possuía, mas quando vi aquela santa que veio aqui na fonte, era uma luz que me cegava, mas mesmo assim eu pude vê-la e conversar um pouco; aonde ela está agora? Devo ter feito algo errado para me deixar assim.

— Ane, acalme-se, você não sabe quem é essa Senhora?

— Não perguntei seu nome, estava maravilhada com sua luz, o calor que transmitiu ao abraçar-me, e quando beijou meus olhos, senti-me tão bem que acho que esqueci dela e, ofendida, foi embora.

— Minha amada irmã, não fique triste, você não a ofendeu. Nossa Mãe Oxum, que é uma Senhora do ponto de forças onde estamos, ou seja, que protege a Colônia do Amor Maior à Vida, veio agradecer-lhe por trazer de volta à evolução nossa irmã Ana Clara e todos esses irmãos que aqui e em outros lugares estamos acomodando.

— E por que você também tem a mesma cor dela e a esconde, Rainha?

— Ane Marie, por que não vamos andar um pouco pelas esferas inferiores? Talvez possamos ajudar mais alguém, não acha? – a Rainha nunca respondia nada sobre ela mesma, sempre mudava de assunto.

Capítulo 14

Megahon, um Monstro ou Outro Amor?

Saímos da Colônia já toda ocupada e com todos em laboriosa atenção aos enfermos recém-chegados. De longe, em pensamentos, despedi-me do Lúcius que, com certeza, os ouviu, porque dessa vez escutei sua voz:

— Que nosso Amado Pai a abençoe e ilumine vossos caminhos, minha querida Ane Marie, e muito obrigado pela felicidade de estarmos ajudando a tantos irmãos de volta à Seara do Pai Maior. – nessa hora, sem querer, agarrei a mão da Rainha e a apertei, para que ela pudesse entender que eu havia escutado.

— Isso mesmo, Ane, é fácil escutarmos o que os outros querem nos falar, é só prestar atenção. – sorriu e volitamos para outro lugar sombrio. – Minha irmã, aqui é necessário muita concentração em tudo o que pensar, agir ou dizer, e peço-lhe: não faça nada impensado ou heróico, o nosso dever aqui é de resgatarmos aqueles que desejam seguir o caminho do nosso Amado Pai Maior, que já se arrependeram de tudo o que fizeram de errado e pedem perdão intimamente para continuarem suas evoluções na Seara do Criador.

— E como vamos fazer isso, Rainha? Se não vejo ninguém. – como tenho a língua comprida, foi só acabar de falar que alguém ou alguma coisa agarrou meu tornozelo, e acabei gritando de susto. – Ai, é possível largar meu pé, ser hediondo?

— Ane, acalme-se – interviu a Rainha perante meu escândalo desconexo – já disse que ajudaremos muitos irmãos e assim você só os afastará de nós, Guardiã do Amor. – senti o suor a escorrer pelo rosto, quando percebi que estávamos em um pântano infestado de seres humanos, atolados até o pescoço pelo lodo.

— Desculpe-me, Rainha. Assustei-me com aquele irmão agarrando meu tornozelo, mas o que poderemos fazer no meio desse pântano de lodo? Como ajudaremos e como saberemos quem precisa de auxílio? – tudo para mim era um desafio, tinha medo de tomar qualquer atitude e, em vez de ajudar, só atrapalhar o serviço de resgate para quem merecesse seguir um caminho melhor.

— Então não se assuste mais, pare de agir como uma criança e trate de ser uma Guardiã do Amor nas trevas como é, todo o resgate de hoje, seremos nós duas a realizá-lo, lembrando que as Guerreiras estão auxiliando na sustentação da queda do culto que Ana Clara sustentava, então ficou sendo eu e você e não gostaria de chamar a sua atenção novamente, entendeu? Porque, se não entendeu, espero que tenha a dignidade de voltar para o "Nosso Recanto" e por lá ser útil na Seara do Divino Criador.

— Desculpe-me, terei mais atenção e farei todo o possível para auxiliar nossos irmãos necessitados de luz, amor e compreensão. – estava irritada por ter a Rainha falado ríspido daquele jeito – Ensine-me e farei, minha Rainha.

— Está certo, preste atenção nesse irmão que agarrou seu pé, o que vê nele?

— Vejo apenas que está desesperado com o lodo pelo seu corpo todo, inclusive em seu rosto.

— Observe melhor, Ane.

— Tentarei, senhora.

— Não tente, observe e diga o que vê – estava ficando difícil aceitar que tudo tinha de ser bem observado e pensado, nunca havia necessitado tanto do poder de concentração.

Comecei olhando que ele não tinha sexo, a sua genitália era ausente nesse chacra, a cor negra estava densa e paralisada pela condensação de energias sexuais desvirtuadas. Dos olhos desse irmão corriam lágrimas doloridas por nos ver ali na sua frente, duas mulheres que estavam se propondo a ajudá-lo no meio do tormento que o lodo impunha a quem caísse naquele pântano saturado de energias sexuais desvirtuadas. Havia muito sofrimento naquele irmão, muitos amores desiludidos, todos os fios ligados em seu sétimo sentido estavam interrompidos bruscamente.

Percebi que a Rainha orientava em minhas buscas por respostas para resolver como ajudar melhor todos que ali se dispunham em ser resgatados para a luz do Senhor Criador Divino, então mentalmente pedi para que me intuísse e mostrasse o caminho para descobrir o que precisava. Com sua ajuda foi fácil ver que aquele irmão caído que me agarrou, em suas vidas encarnadas fez sofrer muitas mulheres com falsos amores, promessas e compromissos desejosos e ardentes de amor, desmoronando com todos, assim que conseguia fazer as donzelas se entregarem após juras de amor, tirando-lhes assim não só a virgindade como a felicidade e o amor puro, largando-as em seguida, difamando-as para a sociedade. Esse irmão ofendeu o Amor puro e verdadeiro que todas lhe ofereciam. Ele próprio mergulhou no lodo do amor sem escrúpulos, do Amor inconseqüente e no pior dos Amores: no Amor falso, frio e intolerante. Esse comportamento de iludir, envolver e logo após ter conquistado Amor verdadeiro por parte das mulheres com quem se envolveu e largá-las para saborearem o amargo dissabor de terem sido enganadas, vilipendiadas, fazerem perder o sentimento mais precioso de Amar, deixando-as todas amargas, secas e desiludidas com a vida, levando muitas ao suicídio, fez com que ele se envolvesse no próprio lodo que criou, esse lodo que consumiu seu sexo e sua sanidade mental. De repente, saí da concentração, assustei-me com o que vi.

— Rainha, esse irmão não está sozinho, há um ser enorme ligado a ele, acho melhor sairmos daqui.

— Não, Ane, não podemos fugir de nosso compromisso com os irmãos caídos.

— Mas, Rainha, ele está nos olhando.

— Sim, Ane, e novamente teremos de enfrentá-lo, só de agora poderemos conversar, dialogar, antes de travarmos uma batalha desnecessária.

— Acho melhor.... – fiquei gelada. Tínhamos sido abordadas por um ser enorme, assustador. Estava percebendo que não poderia sentir-me surpresa depois de tudo o que estava vivenciando em tão pouco tempo, nunca imaginei estar de frente com um monstro, pois era isso, e ainda é: tinha o triplo de nosso tamanho, era de tamanho descomunal, não consegui distinguir nada de humano, apenas via um monstro enorme todo encoberto por lodo, isso mesmo, lodo nada mais é do que uma mistura de terra com água e sujeira, muita sujeira. E em toda a sua cabeça havia cobras, saindo pelos olhos e ombros.

— Vejo que gosta de meus domínios, Rainha dos meus prazeres – ecoava estrondosa voz por todo aquele pântano lodoso.

— Ao contrário, Megahon. Entristeço toda vez que aqui preciso vir para resgatar de sua crueldade os irmãos necessitados de luz, amor e compreensão, coisa que você destrói em tudo que toca.

— Cada vez que você vem aqui sinto seu Amor aumentar por mim, Rainha dos meus encantos. Por que não decide ficar em definitivo e aqui governar todo o meu reino ao lado de quem poderá satisfazê-la por completo?

— Está dementado, Megahon?

— Então diga, olhando em meus olhos, que não me ama, Rainha dos meus sonhos.

— Você sabe que o meu amor por você é fraterno e talvez até maternal.

— Assim despedaça o meu coração, Rainha das Rainhas, só não entendo por que você não olha em meus olhos.

— Não sou tola, Megahon. Enquanto não se transmutar para um ser em quem possa confiar meu olhar, jamais terá a mim a encarar um olhar de vil serpente a encantar suas vítimas. – nisso a Rainha se dirigia a mim e percebeu que poderia estar tranqüila, eu ainda não havia encarado nenhuma daquelas cobras, eu tinha verdadeiro pavor por esse réptil asqueroso. – Ane, nunca olhe nos olhos de nenhuma das cobras que circundam Megahon, ainda bem que com isso não preciso me preocupar com você, mediante seu pavor para com elas.

— Rainha dos meus amores, não a apresenta para o seu velho amigo?

— Não consegue reconhecê-la, Megahon? Ou acredita que serei apenas eu a limitar suas loucuras?

— Se ela puder chegar mais perto, talvez eu consiga me lembrar.

— Rainha, esqueça. Eu não chegarei perto desse monstro de forma alguma, ele possui um ninho de cobras infindáveis em seu corpo.

— Tudo bem, Ane. Nem eu quero que se aproxime de Megahon. Tenho certeza de que já está se lembrando de você, minha irmã.

— Rainha, está brincando comigo? Como pode fazer isso com esse velho amigo? – eu não estava entendendo nada, como poderiam ser amigos, uma Guardiã tão luminosa e um ser tão medonho? – Não lhe permito que zombe de mim dessa maneira, caso seja verdade, por que está distante e arisca comigo?

— Não sou de brincadeiras, muito menos de magoar velhos amigos, mas acredito que para Ane Marie se recordar de você será preciso se desfazer dessa sua forma asquerosa, nem que seja por alguns instantes.

— Rainha, não posso, sabe disso. Essa minha forma foi moldada assim porque errei muito e meu Pai assim me deixou para que sempre possa lembrar-me dos pecados que já cometi em todos esses milhares de anos incontáveis de minha existência – falava sentido o monstro que não me transparecia mais tanto medo, eu já estava reconhecendo alguém, só não conseguia saber quem era.

— Meu amigo e irmão Megahon, sem você saber solicitei ao nosso Pai que fossem concedidos alguns minutos para que possa mostrar-se a Ane em sua forma humana quando se reencontrassem. E espero de todo o coração que possa aproveitar bem os poucos minutos que poderão se abraçar como dois seres humanos que se amam. – falava a Rainha com tanta segurança e tranqüilidade que me passava muita confiança em seu olhar.

Estava ficando sem medo da terrível criatura, apossava-se de mim um amor incompreendido, terno, mas tão natural e sustentador de todo sentimento humano e maravilhoso que podia sentir naquele momento junto ao ser, que meus olhos não deixavam mentir que era a transformação de um ser desumano em um homem, e se tornava mais belo a cada palavra pronunciada com voz melodiosa da nossa Rainha.

— Pai amado e querido, rogo-lhe que permitas que meu irmão e seu filho, Megahon, possa por instantes ter seu corpo humano restabelecido, que possa ele sentir por instantes a dádiva de ser Homem por completo, para que dê o valor às suas Leis, para que sempre respeite o Amor, que saiba diluir as nódoas de todo o Amor puro e verdadeiro e, caso precise, saiba renovar o Amor que está se apagando no coração dos Homens filhos seus. Peço ao Pai amado Oxumaré 7 Serpentes que permitas a Megahon sentir-se humano novamente para completar sua missão neste plano da vida. – a cada palavra, uma lágrima corria dos olhos de Megahon. Comigo, era como se estivesse em um conto de fadas, via à minha frente desfazer-se um monstro e surgir o mais belo dos homens que já conheci.

— Megahon, aproveite esses minutos preciosos para restabelecer o vínculo necessário com Ane Marie, enquanto isso eu, Rajado e Negrão cuidaremos de seus domínios.

— Obrigado, Sher amada, aproveitarei todos os minutos que nossos Pais com sua intercessão me concederam.

— Chega de conversas e conquiste o que é seu, Megahon. – Não houve mais conversas, simplesmente estava encantada pelo homem mais belo do Universo e eu o conhecia, sim, eu sabia quem era e tive parcela de culpa por ter ele caído tanto.

— Não sinta culpa do que era inevitável, tudo seguiu como havia de ser. – Tudo era diferente, seus olhos, sua voz, era o homem mais belo em meus braços.

— Por que tem de ser assim? Não sente em ser um monstro desprezível, na aparência que tinha? Estou muito bem ao seu lado, nada importa a aparência anterior, só quero senti-lo sem culpas, quero amá-lo como ser humano que é e não a sua aparência horrenda.

— Era isso o que precisava ouvir, minha amada, pois não houve nenhum momento em minha existência em que não dirigi um pensamento sequer a você. A minha existência por muitos séculos foi movida, sustentada pelo Amor que existe entre nós dois. – ele abraçava, beijava e acariciava-me com tanto ardor, que parecia estarmos flutuando de tantas emoções acumuladas em nosso íntimo. De repente, comecei a sentir culpa, não poderia amá-lo daquela forma, estava traindo a ele e Leon ao mesmo tempo, como podia ser volúvel, traidora daquela maneira? Eu não havia mudado o meu ser, continuava a mesma cortesã de antes.

— Ane, sei o que está pensando e peço que não sinta culpa, ou remorso, o nosso Amor é diferente do que sente por Leon. E entre nós dois, eu e Leon, não há discórdias. Sabemos que a cada um de nós o seu Amor corresponde e você sabe o porquê? – era o mais doce dos homens a falar comigo, a acariciar-me com tanto carinho para que eu não sentisse culpa e sim o melhor dos prazeres: o de ser amada.

— Não, meu amor, por que aos dois trago tanto amor e felicidade?

— Por você ser a Deusa Guardiã do Amor Puro, minha amada Ane, e por ser uma Deusa e Guardiã, sabe como distribuí-lo e fazer a todos amados sem distinção.

— Mas, mesmo assim, fiz os dois caírem. Os dois estão aqui no astral inferior, sendo que poderiam estar iluminados e abençoados nos níveis superiores próximos dos anjos celestiais. Olhe para você, além de tudo, seu corpo está todo deformado, mais parecendo um monstro. – falava eu na minha ignorância das coisas divinas, sem saber que quem serve ao Pai Maior no astral inferior também é servidor da Luz.

— Minha amada, errei muito, é verdade, como é verdade também que meu corpo espiritual teve a deformação que presenciou, mas hoje eu trabalho para a Luz, mesmo com todas essas deformações que carrego, visto que me ajudam muito aqui onde me encontro a serviço do Pai Maior. – vendo que iria fazer mais perguntas, Megahon me agarrou e emudeceu-me com seus beijos ardorosos e seus afagos incansáveis de serem recebidos.

Preciso relatar que tudo o que estava acontecendo era novo para mim, muitas coisas eu não entendia, muitas vezes perguntava no mesmo momento para esclarecer-me sobre o que passava, outras tentava assimilar e fazer as perguntas com mais sabedoria, para poder absorver melhor tanta informação nova. Sabia no meu íntimo que precisava evoluir em minha jornada, que a Rainha não estaria para sempre ao meu lado, por isso ela não confessava ou, como posso dizer, não me tratava com tanta intimidade. Isso não quer dizer que era fria, ao contrário, era a mais doce e meiga que encontrei naqueles tempos nas esferas negativas. É que ela, isso eu sentia, estava preocupada e triste demais com algo que não conseguia identificar, pois eram intransponíveis seus pensamentos e suas reações. Nada deixava abalar suas tarefas junto aos seus Senhores Pais e Mães Maiores. Precisava contar isso para que entendam que fiz muitas perguntas desconexas, várias descobertas, muitos momentos em que vivenciei tudo como se fosse a primeira vez. Eu estava renascendo para a vida de Guardiã, e tudo fui relembrando na medida certa. Todos precisaram e tiveram a paciência de aguardar as minhas recordações nos momentos certos. E não me arrependi disso, porque aprendi muito com meu resgate, tive a oportunidade de passar momentos inesquecíveis com muitos irmãos, amigos e amores podendo redescobri-los como havia sido nas primeiras vezes, ou até melhor. Não me envergonho de estar contando as minhas dificuldades em recordações, em saber quem eu realmente era, porque assim teve de ser, e assim foi melhor, só dessa forma me fortaleci para conseguir me manter íntegra em um meio hostil. Nada foi fácil, a aceitação é difícil, mas quero que continuem lendo a minha narrativa.

Capítulo 15

Um Desabafo de um Guardião nas Trevas

Ficamos unidos por bom tempo, não era preciso palavras, só os gestos, as carícias, os olhares completavam o sentimento luminoso que sentíamos um pelo outro. Ligamo-nos novamente em cordões azul-claros, estávamos unidos. Megahon, minha serenidade, minha paz estava ali, novamente em meus braços, envolto de Amor verdadeiro.

— Sinto uma paz inundar o meu ser, meu amado Megahon. – quebrava o silêncio que nos fazia sermos um só.

— Sou então o seu amado, minha Deusa do Amor? Serei seu amado quando dessa forma humana for destituído?

— O meu Amor por você não é pela sua aparência e sim por ser o meu Amor reluzente de paz, o meu Amado há quem eu tanto sinto fazer parte de meu ser. Não importa mais qual será sua aparência, o que me interessa e importa é se, por baixo de grossa armadura, porque para mim já não é outra coisa mais essa sua forma monstruosa de ser quando aqui cheguei, eu encontrarei sempre o meu Senhor do meu Amor em Paz.

— Então, sou o Senhor do seu Amor?

— Se para você sou a Deusa do Amor, nada mais justo ela ter um Senhor do Amor para reconfortá-la e, principalmente. Amar sem limites. – não precisamos falar mais nada, aproveitamos mais e mais os momentos que tínhamos juntos.

Com muito carinho, Megahon afastou meus braços de seu corpo, olhava-me nos olhos, começando a ficar preocupado:

— Ane, peço que guarde em seu coração a minha imagem humana, logo estarei deformado e serei o ser monstruoso que há pouco presenciou. Quero que saiba que para mim esse corpo não me é permitido para o que aceitei cumprir, para redimir todos os meus erros cometidos por tantos séculos, mas preciso, além de permanecer lúcido o meu Amor e Lealdade ao nosso Amado Criador, preciso que não deixe de me Amar. Você é a razão do meu viver, você e a Rainha são muito importantes para mim. Necessito muito do Amor de vocês, para não fraquejar, para me lembrar de que tudo faz sentido, que o meu caminho na luz, mesmo tortuoso, apenas será para trazer novamente à Seara do Amado Criador todos aqueles que destruíram o sentimento de Amor, que barraram o caminho do Amor na vida de outros irmãos. Faço isso, minha amada, para que aprendam que o Amor verdadeiro deixa o outro evoluir em seu caminho rumo ao nosso Criador.

— Por que me fala tudo isso, Amor que me acalma?

— Ane, logo estarei com a forma do Trono Negativo do Amor Evolutivo, ou seja, precisarei ter outra postura, serei, porque preciso ser, mais rude, mais severo com quem preferiu enganar, usurpar, roubar o Amor alheio, quem não teve escrúpulos com sentimento nobre.

— Mas se já está com forma humana, por que não continuar? – dizia eu aos prantos em ver que Megahon aos poucos começava a se transformar novamente em um ser bestial.

— Ane, se consegui ter essa dádiva, foi porque a nossa Rainha, além de interceder por nós, caso você não tenha percebido, nos imantou para que ninguém tivesse acesso a essa nossa união e muito menos em ver Megahon, o monstro de lodo, como um ser humano normal, o que seria o fim para meus domínios, Ane amada.

— Mas isso não é justo...

— Não diga isso, meu Amor. De tudo o que acontece, nosso Amado Criador está ciente e, se permitiu, é porque é melhor vivenciarmos esse tormento do que nos desligarmos em definitivo d'Ele. – percebia que Megahon começava a se distorcer em dores. Comecei a ficar agoniada, quando senti o abraço da Rainha a me confortar e segurava-me ao mesmo tempo para que não fizesse besteira.

Megahon começou a se transmutar para o ser medonho de antes, ele sentia dores físicas e a pior de todas as dores: a mental. Ele não lutava contra a transformação, percebia que aceitava o seu caminho. Antes de se transformar por completo, ainda vi lágrimas em seus olhos e sua súplica:

— Pai Amado, sei que não me esquecestes. Ainda não sou digno de Vós, para receber Sua Generosidade, mas por quê? Por que tanta raiva, ódio, tanto desamor? Até quando, Pai, terei de puni-los em vez de lhes retribuir o meu Amor herdado por Vós? Até quando serei o carrasco desses seres que jogam no lodo do Amor sentimento tão Divino? Até quando terei de punir esses seres que mais se moldam com vil serpentes, sendo sempre tão mesquinhas e traidoras? Pai, faça-me ser o mais justo de seus carrascos, que não me exceda quanto ao que tenho de fazer, que possa ser o instrumento que os fará retornarem à Sua Seara de Luz, meu Amado Pai, Criador de todos nós. E, Pai Amado, peço-lhe nesses últimos instantes, não me deixe voltar contra Ane e Sher, Senhor meu, que elas possam sempre ser minhas referências junto aos seres humanos. – Megahon caiu em prantos até que as lágrimas não mais apareciam ao meio de tanto lodo e vil serpentes em todo o seu corpo deformado. Agora o meu amado Magahon se transmutara para o temido Senhor das Trevas do Amor Evolutivo. Já não era mais amável, terno ou gentil; tornara-se novamente o ser horrendo de antes. Notei que a Rainha enxugava lágrimas abundantes de seus olhos, irradiavam de todo o seu corpo luzes douradas que se faziam sentir aquecidas. Ela também sentia Amor por Megahon, e o estava demonstrando sustentando-o até as suas últimas palavras para com o Criador. Fui abraçá-la como forma de agradecimento pela maneira com que o tratava e a possibilidade que ela nos proporcionou de ficarmos juntos naqueles instantes que mais pareceram uma eternidade. A Rainha agilmente desfez de meu abraço, fazendo-se de desentendida:

— Ane, comporte-se como Guardiã. Aqui não é lugar de ficarmos desatentas. Todo cuidado é pouco, principalmente nos domínios de Megahon.

— Vejo que as minhas duas Rainhas continuam em meus domínios. Se permanecerem, poderei providenciar uma festa para os meus amores, mas com certeza serão minhas eternamente.

— Megahon, não devaneie sobre nós. Com certeza quero que nos mostre seus domínios, para que Ane tenha passagem livre como eu.

— E caso contrário? Posso dessa vez querer que fiquem para sempre aqui.

— Nesse caso, Megahon, não terá nunca mais nossa presença em seu pântano de amores destruídos e ficará saturado.

— Por quê, Rainha do meu Amor, se impõe dessa forma, se tudo o que peço é para ter um pouco de companhia feminina bela como vocês?

— Megahon – eu tomei a iniciativa de interferir –, sei o quanto são solitários e tristes os seus domínios, porém lhe asseguro que, se puder ter livre acesso para fazer o que for necessário, dou minha palavra que antes de iniciar minha tarefa em seus domínios, falarei primeiro com você, fazendo assim um trato de Guardiões.

— Refletirei sobre isso, pois ainda não vejo vantagens para mim.

— Dessa forma você está sendo intransigente demais, Megahon – a Rainha não estava muito amorosa mais com ele – Sabe que, se não for por bem, faremos por mal essa troca de favores.

— Agora é favor o que me faz? Cadê a sua generosidade, Rainha dos Caídos?

— Sim, é favor, e você sabe muito bem disso.

— Não estou entendendo, Rainha. Por que Megahon fala isso? Por que os dois discutem tanto sobre o que fazem?

— Ane, entenda bem: nós resgatamos por Amor todos os irmãos caídos em domínios alheios para que possam ter suas evoluções na Seara da Luz do Amado Criador. Porém, quando os donos de domínios negativos nos negam entradas, eles ficam submetidos à Lei e à Justiça de Deus, fazendo com que venham falanges inteiras de servidores do Altíssimo resgatá-los, fazendo com que os domínios tenham conseqüências desagradáveis – falava-me a Rainha toda inflamada de sua luz dourada. – Quando seres como Megahon aceitam trocas, ou acreditam que nos favorecem, na verdade é para que esvaziemos os seus domínios lotados de seres humanos já esgotados em seus negativismos cármicos, em condições de serem regenerados, e entregues à continuação de suas evoluções na Senda da Luz, então quem faz o favor?

— Chega, Rainha, que me faz de seu escravo, assim você me magoa, será que não é possível ser um pouco mais complacente para comigo?

— E por que acha que serei complacente?

— É que na verdade farei o que pedir, se puder regenerar alguns dos meus escravos-soldados mais leais.

— É só isso o que quer, meu amado Megahon? – falava eu acreditando na bondade de um ser que trabalhava nas Trevas –, então quer ajudar seus auxiliares para melhor servi-lo?

— Ah, ah, ah,... auxiliares, quem? Aqueles imprestáveis que vivem se ferrando? Essa é boa. Eles são meus escravos que transformei em soldados para fazerem alguns serviços a meu favor. Só você para falar tantas idiotices.

— Ane, preste atenção no que Megahon quer, lembre-se de que ele não é mais o seu amado, meigo e gentil, esse é Megahon, o Guardião das Trevas do Amor caído na Evolução.

— Mas parece um gesto nobre, Senhora.

— Então veja e observe. Está bem, Megahon, leve-nos até seus escravos-soldados feridos e vejamos o que poderemos fazer.

— Assim é que eu quero; se gostar do que fizerem, deixarei levar daqui quantos caídos quiserem – ele nos levou até um labirinto onde havia muitos seres lodosos, outros que mais pareciam cobras imersas no lodo, todos mutilados, cheios de cortes profundos de onde escorriam grossos filetes escuros de energias, que, reparei, eram como se fosse sangue; então era vital para eles e a falta dessa energia deixava-os todos jogados ao chão de lama das cavernas do labirinto.

— Como pode deixá-los assim? – fiquei revoltada com o estado de tantos espíritos, jogados como lixo nas inúmeras salas daquele labirinto sem fim.

— Megahon, era por isso todo esse seu jogo de favores? Agora você ultrapassou os limites do bom senso – a Rainha estava toda incandescente, isso mesmo, ela era fogo puro. Não acreditava no que estava presenciando.

— Rainhas do meu Amor, isso eu posso explicar.

— Explique-se depressa antes que faça você virar pó.

— Fui obrigado a me defender, há um grupo de seres negativos que estão obcecados pelos Tronos do Amor aqui embaixo. Eles são muitos e já estão de posse de alguns Tronos do Amor. O que eu podia fazer para me defender, fiz e consegui ficar com o meu Trono intacto.

— Vamos resolver um problema de cada vez. – era a Rainha novamente séria, com o seu corpo todo em chamas. – Ane, use de sua espada e comecemos a regenerar esses irmãos caídos.

Comecei a observar como ela fazia e, quanto mais olhava, mais a admirava, enquanto com a minha espada levantada acima de minha cabeça eu purificava e regenerava os espíritos caídos à minha frente. Fui regenerando muitos irmãos, e a Rainha, por sua vez, com as mãos postadas em frente do coração, curava a sala inteira, mais o ambiente, que ficava limpo em poucos instantes. Levamos um bom tempo para acabar com todas as salas do labirinto; com isso já não ajudávamos mais só os escravos, mas todos os espíritos que ali estavam.

— Rainhas, como as Amo, além de salvarem meus soldados lodosos, estão limpando minhas cavernas, quanta gentileza de vocês, Rainhas da Limpeza. – Megahon não perdia o humor; como dizem, ele perde o amigo, mas não a piada. Verdadeiramente era insuportável permanecer com Megahon em seu "modo" monstruoso, de tudo zombava ou ria, nada o fez ficar constrangido com a situação em que se encontrava. Eu acho que ele agia dessa maneira para esconder a preocupação com o seu domínio, os seus escravos, com todos que ali habitavam com justiça, porque recebiam o merecido.

Quero esclarecer que muitos seres que estão assentados em Domínios negativos trabalham para a Luz. Suas missões são esgotar carmicamente o negativismo dos espíritos que erraram quando encarnados. São espíritos humanos que se apossam de formas desumanas, logicamente para muitos poderem lembrar o quanto erraram também e muitos para esconderem o Amor que sentem ao punir os espíritos que erraram; por isso estão em seus Domínios, para que aprendam nunca mais a errar, a esquecer que há um Pai Maior, que nos criou, que nos Ama para querer que possamos aprender com nossos erros, para um dia conseguirmos chegar até Seus pés e dizer-Lhe com o coração:

— "Pai amado, obrigado, pois aprendi a amá-Lo e a amar a Sua Criação perfeita sem destruí-La." – muitos já conseguiram isso e ainda estão em serviço para o Pai, porque não se cansam de servi-Lo.

Demoramos muito tempo até que tudo estivesse normalizado. Regeneramos os soldados lodosos, limpamos o labirinto sem fim e aproveitamos para retirar de lá todos os espíritos que já estavam em condições de serem resgatados, por estarem esgotados em seus negativismos, estarem arrependidos pelos seus atos e por desejarem seguir a Seara de Deus, na Lei e na Justiça Maiores, para poderem ser regenerados, curados e levados para as Colônias de Socorro que estão espalhadas pelo astral inferior. Aqueles que estavam ainda mergulhados no lodo do horror humano, que preferiam ficar enrodilhados com suas cobras interiores, permaneceram nas grutas, já mais limpas e vazias do labirinto do Amor desvirtuado.

Quando todos estavam reunidos, foram levados por nós duas à Colônia do "Amor Maior" por meio da volitação coletiva. A felicidade dos irmãos socorristas da nossa Colônia era irradiante, uma vez que poderiam estar auxiliando tantos irmãos juntos.

— Irmão Thomas, que bom vê-lo aqui! – dizia a Rainha, já o abraçando – Pensei que estivesse junto ao Lúcius em sua visita a outras Colônias espirituais.

— Mas eu estava, minha Rainha, foi o próprio Lúcius quem sugeriu que voltasse para recebê-la e ajudar no que fosse preciso.

— E assim mais uma vez perde a oportunidade de aprender mais um pouco, não é mesmo?

— Aprendo sempre com Lúcius, que é generoso e como um pai para mim. Não poderia de maneira alguma deixar de atender a um pedido seu, principalmente quando é para você.

— Você é sempre lisonjeiro desse jeito? – eu perguntava com ciúmes e irritada com tanta generosidade.

— Sinto um ar de ciúmes, Ane? – riu a Rainha – Thomas é sincero com suas palavras, talvez aprenda muito estando em sua companhia.

— Não. Deixa para lá, não quero ser gentil dessa forma, tenho muito o que fazer.

— Estarei à sua disposição, irmã Ane. Quando quiser que um humilde servo a ajude...

— Chega, como vê estão todos entregues e agora voltarei para ver o que posso ajudar. – e volitei para não precisar mais ouvir alguém que talvez eu pudesse ter conhecido, mas que não me deixava tranqüila ao seu lado, naquele momento não tinha interesse algum em saber quem era.

— Desculpe a Ane. Um dia ela saberá que não pode viver sem curar suas feridas.

— Eu sei, minha Rainha, não tenho pressa. Resgatarei tudo o que perdi quando o nosso Amado Pai assim o desejar.

— Espero estar presente quando isso acontecer. – falou a Rainha com olhos tristes.

— Quero que saiba que estaremos ao seu lado, digo isso mesmo Lúcius não estando aqui, porque sei que é a vontade dele também.

— Diga ao Lúcius que ainda terá o seu momento comigo, quando ele se sentir melhor. Que nosso Amado Pai os abençoe. – Eles não suportavam despedidas, nenhum dos dois gostava, a Rainha e Lúcius já pressentiam que ficariam muito tempo separados.

Capítulo 16

Culpada Também com Rajado e Negão

Estava esperando a Rainha no meio do caminho, mentalmente a chamava, não queria aparecer sozinha nas cavernas de Megahon. Não agüentava ser tratada como alguém que necessita de tanta atenção, que não soubesse cuidar de si mesma. Já estava na hora de começar a pedir para a Rainha que me deixasse mais à vontade, precisava saber até onde conseguiria resolver os meus problemas sozinha. Como fiquei irritada, meus sentidos estavam falhos e por meu azar não senti a aproximação de dois seres repugnantes: a cobra rajada e o cão-lobo.

— Até que era hora de conversarmos, Princesa do Amor Lodoso. – sibilava a cobra já bem próxima – Não adianta fugir, porque será apenas você e nós dois. – Fiquei paralisada de medo e horror, não poderia realmente fugir, tinha de enfrentá-los se quisesse viver tranqüila sem um peso na consciência por ter errado muito com eles.

— Não se assuste, pois só queremos acertar umas contas com você e fazê-la sentir o mesmo que nós sentimos e ainda estamos sentindo por sua causa. – Aquele lobo só falava mentalmente mostrando seus enormes caninos, só agora percebia que não falavam por suas bocas, e sim mentalmente. Como eram desagradáveis. Respirei fundo, vendo que a Rainha não chegava; fiquei sabendo muito tempo depois que fez de propósito, para podermos, os três (eu, a cobra e o cão), nos entender para que ficasse tranqüila quanto à nossa situação, e, tentando não demonstrar medo, enfrentei-os.

— Vocês não conseguirão me destruir, ainda não sei o que querem, não lembro de fazê-los cair em tão profundo abismo para que tivessem seus corpos espirituais transformados em animais. – já estava com a mão no cabo de minha espada.

— Está com medo de nós, sacerdotisa de Amon-Rá? – rosnava o cão avançando contra mim.

— Você acreditava que por ser uma das poucas mulheres que conseguiram penetrar os Templos mais ocultos, como uma sacerdotisa do Amor de Ísis, podia vilipendiar tantas pessoas inocentes, fazer-se vítima de suas próprias armações para toda a cúpula sacerdotal? – era a cobra a sibilar e, se eu não desse um pulo para trás, seria com certeza picada por ela.

— Eu não consigo lembrar o que fiz contra vocês dois, a única coisa que agora quero é que me deixem em paz, e então não cruzarei suas vidas novamente. – como queria me livrar depressa daqueles dois, estava cansada porque não lembrava de verdade o que fizera para que os dois seres humanos se transformassem em cobra e cão.

— O que acha que fizemos para nos aparentarmos como dois seres negativos dessa forma? – sibilava a cobra – Para que me transformasse em vil rastejante é porque me obrigou desde pequeno a fazer coisas horripilantes, atos dignos de uma verdadeira cobra. Como deixá-la em paz se me fez trair, vilipendiar, arruinar pessoas sérias e amadas sem ter uma noção que a servia obrigado e com o tempo me fez acreditar que estava fazendo o correto, que poderia agir como vil serpente envenenando a todos, só que esqueceu de avisar que a cobra que criou fui eu, a pagar por todos esses séculos sem fim.

— Fique quieta, não adianta interromper; agora você escutará o que fez comigo. — o cão-lobo parecia gigantesco e estava ameaçador – Eu era um dos magos que você transformou em sacerdote, queria que além de meus poderes ocultos eu também fosse seu porta-voz junto ao povo sofrido. Você conseguiu me eleger sacerdote para dominar o Templo Sagrado só para você, não o queria dividir. Havia me trazido de outra cidade distante já "promovido" a sacerdote, pois eu possuía o dom da oratória além de meus conhecimentos como mago. Achei tudo fantástico e conveniente ao mesmo tempo. Eu queria ter poder, mas para ajudar os necessitados, os sofridos. Mas não, você conseguiu me transformar em mago negro, em sacerdote do Diabo. Traí, culpei, assassinei, violentei as pessoas em todos os sentidos. E você, como sacerdotisa maior, dizia ser o certo. Hoje vivo à sombra do passado tentando servir à Luz para um dia me recompor, porém não ficarei incomodado se transformá-la em poeira cósmica. – eu sabia do poder que os dois tinham, pois suas mordidas me levariam com certeza à minha dor final.

— Vocês têm toda a razão para me odiarem pela eternidade, só não sei o que ganharão em me destruírem dessa forma, sendo que também pago pelos meus erros e carrego toda a culpa dos meus atos impensados, ou acreditam que fiquei ilesa de todo o mal que pratiquei? Por que acham que ainda não consigo enfrentar os meus medos sozinha? Acreditam que sou feliz em ter perdido meu Trono e o direito à Luz? Sou como vocês: alguém que errou e que está tentando fazer o correto, não sair mais do Caminho do Criador, pedir perdão todos os dias pelos meus pecados e me esforçando para ser digna novamente de olhar aos Céus e falar-lhe sem vergonha do que fui e ainda sou, pois precisarei de muita força de vontade e ajuda de meus irmãos para novamente ocupar o que perdi. Mas, se for para vocês se sentirem melhor, não colocarei nenhuma resistência para que possam fazer o que tanto querem há muito tempo, se assim é o que desejam. – ajoelhei-me e coloquei minha cabeça ao solo, permitindo dessa maneira que eles fizessem o que queriam, era muito fácil nessa posição atacar meu pescoço e com certeza à minha dor final eu seria levada.

Fechei meus olhos e aguardei a fúria dos dois, não pensei em nada, não sabia mais o que pensar ou o que fazer, era só aguardar o momento certo.

Eu os senti se aproximarem, não fiz nenhum movimento, dando-lhes total condição de praticarem a sua justiça pessoal. Na verdade, assustei-me com o que aconteceu, para depois sentir extravasar toda a alegria do perdão: – os dois, cobra e cão, se aproximaram e, em vez de me morderem, foram os mais dóceis irmãos do embaixo – o cão lambia o meu rosto enquanto a cobra se enrodilhava em meu corpo com carinho, até que me levantei e ela pôde ficar em meus ombros e o cão fazer todo o carinho que sabia. Eu os abracei e beijei, pedindo perdão novamente e dando-lhes minha palavra de que se me ajudassem eu seria melhor e os teria sempre como meus irmãos mais adorados, e estava falando sério.

— Hei, o que está pensando? – desceu rapidamente a cobra dos meus ombros. – Acredita que é fácil ser perdoada?

— Chega de intimidades, você ainda nos deve muito e se nada lhe fizemos é porque a Rainha nos castigaria muito, pois é a ela que obedecemos e devemos tudo. – nisso o cão uivou para o infinito.

— Então quer dizer, Negrão, que posso ficar tranqüila que não mais morderá a Ane? – a Rainha surgiu do nada e com aquele semblante de quem tinha visto tudo e gostado do que aconteceu. – E quanto a você, Rajado? – nesse momento a cobra rastejou até ela, sibilou e teve a permissão de subir aos seus ombros. A Rainha tratava os dois com tanto Amor que quem não conhecia não diria que eram seres das trevas.

— Isso foi armado para mim? Pensei que teria o meu fim com esses dois seres.

— Ane, quem você chama de seres são exatamente Rajado e Negrão. Não quero vê-la mais chamando-os de outros nomes a não ser pelo que eles aceitaram aqui embaixo. Então acho interessante vocês se respeitarem porque da próxima vez não tomarei partido de ninguém e deixarei para ver o que acontecerá. Agora chega de conversa e vamos a uma festa.

— Festa sua, chefia? – perguntou o Rajado todo contente.

— Sim, com essa festa podemos reunir os maiores guardiões das Trevas e saber o que está acontecendo.

— Será no "Nosso Recanto" ou...? – perguntou Negrão, mas não terminou a pergunta.

— Sim, será no "Nosso Recanto". É verdade que se quisesse faria no ponto de forças negativo onde estou, porém no "Nosso Recanto" todos ficam à vontade.

— Há outro lugar, Senhora? – para variar lá estava eu a interferir em tudo.

— Sim, mas por enquanto basta saber que o "Nosso Recanto" é um lugar de que também cuido. Para essa festa, Ane Marie, plasme o seu melhor vestido de dama da noite, pois muitas lá estarão e não quero que se sinta envergonhada diante delas.

— Posso então usar o mais belo vestido, o mais charmoso sapato e as jóias maravilhosas que quiser? – a vaidade se abateu sobre mim.

— Sim, Ane, inclusive eu farei a troca de minhas vestes durante o nosso percurso, mas, se quiser, como não tem tanta prática, faça a transformação da roupa que, se for necessário, a ajudo.

E foi o que fiz, mudei para um lindo vestido todo bordado, cheio de brilho, as mais lindas jóias, estava sentindo novamente o gosto de ser uma dama da noite. Depois de tudo aprovado, volitamos e chegamos ao "Nosso Recanto", já todo pronto para receber os convidados. As moças todas lindamente vestidas, os homens todos galantes, mas já não via a Rainha, que tinha seguido direto ao seu quarto. Rajado e Negrão se dispersaram para cuidarem da segurança.

De repente, escuto um gritinho e olho para ver quem era:

— Você está lindíssima, Ane, ainda bem que a Rainha avisou da festa e pedi licença no "Jardim" para poder participar também. – Madeleine, irradiante, parecia a debutante do dia.

Capítulo 17

Festas São Prazeres e Negócios

Fomos todos a um salão magnífico onde aconteceria a festa.

Muitos guardiões foram chegando, alguns acompanhados de belas damas, outros não, porém todos estavam com seus auxiliares mais graduados.

Havia muita conversa, risos, danças. Estavam todos em suas formas mais desagradáveis: caveiras, cobras, seres monstruosos.

Fiquei afastada junto com Madeleine; para mim a reunião festiva era inusitada, mas para ela já era normal, pois já havia participado de outras. Madeleine estava bem animada e não se fez de rogada quando belíssima dama se aproximou de nós.

— Boa noite, senhora Lilybel, Guardiã da Concepção Humana nas Trevas, é uma honra poder cumprimentá-la. – fez uma reverência e quase encostou o nariz no chão.

— Minha pequena borboleta, levante-se e apresente a Guardiã ao seu lado.

— Sim senhora, essa é a Ane Marie, Guardiã do Amor — estava engraçada demais a pose de Madeleine, sentindo-se importante ao falar com tal guardiã.

— Então a famosa Ane Marie participa finalmente de mais um encontro da Rainha. Espero que de agora em diante possamos ter uma relação amigável para nossos interesses.

— Boa noite, senhora. Se depender de mim, a nossa relação não terá nenhum abalo, acreditando que seremos úteis uma para a outra.

— Vejo que é inteligente e sagaz, minha menina. Está no tempo apenas de se tornar mulher de verdade para assumir o que é seu e me tratar como uma igual, e não superior a você.

— Desculpe, a senhora foi a forma de tratamento melhor que achei, tive medo por não reconhecê-la de imediato e estar ofendendo-a.

— Se achar melhor, pode me chamar pelo nome: Lilybel, que a chamarei por Ane, assim está bom?

— Sim, não é preciso tanta formalidade entre duas amigas – notei que Lilybel era, além de linda, educada, possuía bom porte, era difícil dizer o quanto realmente era linda e poderosa.

— Você consegue observar a todos no salão, Ane? Consegue reconhecer os Guardiões presentes? – perguntou Lilybel com tanta elegância que não era imaginável acreditar que em esferas tão negativas houvesse pessoa tão elegante.

— Não, ainda não foram todos que pude olhar mais profundamente, considerando que aqui estão muitos Guardiões do embaixo e muitas Damas da Noite apresentando-se de forma bastante informal.

— Ane, não acredite que todas são Damas da Noite, muitas apenas são Guardiãs, porque Dama da Noite só existe uma, que merece carregar esse nome. Somos consideradas Damas da Noite porque agimos muito durante a noite, mas cada uma de nós tem um nome a zelar e não podemos ser todas um mistério apenas e ainda usufruir o que não é nosso.

— Com certeza deve ser bem interessante e poderosa a verdadeira Dama da Noite – concluí eu em minha inocência.

— Sim, mas não é melhor do que nós, Ane. Aproveite e aprenda também, Madeleine. Nós, mulheres no baixo astral, todas com títulos de Guardiãs, somos poderosas e lindas, nosso poder transpõe o dos homens, porque além de termos poder somos sedutoras, somos quem fornece o desejo em todos os seus aspectos, pois sem isso a virilidade sozinha não serviria para nada. Somos inteligentes e ardilosas, ou não perceberam ainda que tudo conseguimos e podemos quando estamos seguindo a Luz? – falava Lilybel com tanto entusiasmo que comecei a admirar a minha função como Guardiã do Amor Evolutivo.

Percebendo que a conversa seguia em um tom amistoso, criei coragem:

— Lilybel, quem é a Rainha? Por que é sempre tão misteriosa? Quem é o seu amor?

— Ane, você não deve perguntar isso... – falou-me assustada Madeleine, quase em prantos.

— Madeleine, recomponha-se, minha pequena, irei responder às perguntas de Ane Marie, para que assim pare de pensar na Rainha e comece a trabalhar por si só. A Rainha é um ser maravilhoso, que a todos ama com igualdade. Além de ser uma Guardiã do Amor Puro na Luz Divina, acumulando o trabalho de recolher os desamados pelos caminhos que anda, luta pelo ideal de todos poderem seguir o Caminho do Pai Maior, corrigindo suas falhas humanas.

— Mas e o seu Amor?

— Ele também tem seus mistérios e sua caminhada é arrebanhando suas ovelhas no baixo astral.

— Ela o ama muito, não?

— Sim, e não reclama de dividi-lo com mais outras que também o amam.

— Mas como?

— Da mesma forma que todas nós temos vários amantes, ele tem vários amores, o que é bem diferente, não?

— Sim, realmente eles devem ser muito especiais. Eles são como nós?

— Você quer dizer Guardiões?

— Sim. Isso mesmo, eles atendem às trevas como nós?

— Sim e não. Os dois são Guardiões que poderiam estar nos planos luminosos, porém, por amarem os irmãos caídos, nenhum dos dois ascendeu, permanecendo aqui embaixo e, quando necessário, encarnando. Ou seja, eles possuem um mistério diferente e superior aos nossos. Agora espero ter revelado muito sobre a Rainha, para que suas curiosidades sobre ela cessem.

— Obrigada, Lilybel.

— Bem, agora vamos andar pelo salão e ver o que conseguimos descobrir ou ganhar.

Começamos a andar e cumprimentávamos a todos, parávamos, conversávamos com outros, e fui conhecendo e reconhecendo muitos. Em dado momento, gelei de medo e susto. Estava se dirigindo a mim Hagashor, o demônio que me aprisionara ao desencarnar. Ao me ver pálida, Lilybel veio ao meu socorro.

— Hagashor, há quanto tempo, meu querido amigo. O que vai oferecer-me desta vez?

— Nada, ou acha que sou um tolo em dar algo para alguém como você? – não saía um sorriso de seus lábios, que na verdade não existiam, porque ele era uma mistura de esqueleto revestido de lodo, onde não havia lodo via-se um esqueleto, e era muito bravo.

— Ao menos um sorriso e me entregarei em seus braços, meu amigo. – Lilybel tinha o dom de irritá-lo.

— Não necessito de você, já tenho o sexo que sobra em muitas vidas de idiotas encarnados.

— Não se cansa de maltratar quem cai em seus domínios? – falei sem pensar nas conseqüências que poderiam vir.

— A insolente está aqui? Era só o que faltava, ter de me encontrar com esse ser em uma festa de chefes Guardiões.

— Por que não gosta de mim? Você já me usufruiu de tudo. E por que não gargalha agora?

— Gargalhei porque tinha em meus domínios o espírito que conseguiu me destruir e que violou as leis da evolução acreditando que estava fazendo suas próprias regras, mas, na realidade, aquilo só foi o reflexo das suas próprias gargalhadas quando, por sua causa, tanto homens como mulheres se matavam, quando por inúmeras vezes abortou, tirando o direito à vida de muitos espíritos necessitados de uma chance para evoluírem.

— Mas eu não entendia nada sobre isso, não tive ninguém que me ensinasse. – podem reparar que também com Hagashor tive minha parcela de culpa, mas, como ele mesmo pediu, não contarei o que aconteceu entre nós dois que o fez cair, isso fica para uma outra ocasião.

— Pare com desculpas, a única coisa que espero é que faça o certo agora e não cruze o meu caminho.

— Hagashor, não fique tão bravo, a sua fúria faz com que seus auxiliares fiquem em estado de alerta, coisa que não é necessário aqui.

— Por que não podemos ser amigos? Se errei, peço que me perdoe e dê uma chance para demonstrar que não sou um monstro.

— Sim, Hagashor, ela não é um monstro como você, apenas uma linda Guardiã dos seus encantos. – gargalhou Lilybel com essa afirmação.

— Lilybel, você não tem jeito mesmo, não adianta porque não tenho motivos para rir, e não saberá nunca como sou rindo.

— Ah, meu querido amigo, como o estimo demais, ainda não perderei a chance de vê-lo sorrir, alegre, porque sei que suas gargalhadas tenebrosas não fazem parte de risos e apenas são reflexos do medo de seus torturados. E isso acontece apenas uma vez, e olhe lá, por condenado que tem o prazer de agarrar, não é mesmo?

— Chega de tolices e vamos ao que interessa.

— Está certo, Hagashor, se não podemos ter um momento de lazer, então falemos de negócios – Lilybel mudou seu semblante, mas não perdeu sua elegância – O que você sabe sobre as quedas dos Tronos do Amor?

— Apenas sei que os Tronos do Amor na Luz estão sendo ameaçados por uma força vingativa, que prefere trabalhar às escondidas e pelas beiradas, ou seja, captura e derruba os Tronos tanto do Alto quanto do Embaixo sem fazer alarde, sem barulho, pois os está afogando nas profundezas das Trevas, e por trás está um ser negativo muito poderoso.

— E não tem idéia de quem seja, ou o porquê disso? Como vamos enfrentar o desconhecido? – falei sem pensar, preocupada em enfrentar tal situação.

— Ane, tranqüilize-se, de uma forma ou de outra conseguiremos descobrir como agir. Basta sermos cautelosos.

— O importante, Lilybel, é que não sejamos atrapalhados por idiotas que se acham Guardiãs – disse com tanta aspereza e braveza que até o chão onde estávamos tremeu. Hagashor realmente era muito bravo e sério.

— Veja como fala, Hagashor, não sou nenhuma idiota, a única coisa idiota que fiz foi deixar-me cair em seus domínios, seu verme nojento – gritei irada.

— Ane, olhe a compostura, assim nenhum outro Guardião desejará conversar com você – orientava-me Lilybel, com Madeleine a puxar-me de lado – Vamos caminhar e aproveitar a festa. Depois conversaremos, Hagashor, ainda temos assuntos pendentes.

— Mas que venha só você, não quero tratar nada com essa vadia – Hagashor mal falou e foi virando as costas, nem me deu tempo para responder.

— Vejo que é arisca a pequena Guardiã – dirigiu-se ao nosso grupo uma linda Dama de belo sorriso.

— Desculpe-me por meus modos, mas Hagashor consegue me deixar irada com seu jeito – tentava me recompor, ao que Madeleine novamente fez a tal reverência.

— Boa noite, senhora, é um prazer poder estar novamente em sua companhia.

— Bobagem, pequena, você tem tão boas companhias, precisa aprender a desfrutar delas também. Mas mesmo assim fico feliz em gostar de mim, um dia poderei, quem sabe, contar com sua ajuda. Minha querida, não diga que ama Hagashor, nunca vi ninguém irradiando tanto Amor por ele. – falou com muito sarcasmo olhando para mim, fiquei estupefata com tamanha bobagem.

— Não acredito que você fala isso; ao contrário, ele consegue me irritar, e sinto muita repulsa, senhora que ainda não conheço.

— Sou conhecida como Dama da Noite, mas pode me chamar de Jezebel que não me importo. E você, quem é?

— Sou Ane Marie – limitei-me a dizer apenas isso, não tinha condições de me apresentar como Guardiã, preferi assim.

— Lilybel, onde está a Rainha? Estou querendo conversar logo, senão ficará para depois, porque eu já achei um acordo muito bom e não ficarei sem ele.

— Jezebel, você não perde tempo, não consegue desfrutar nada, essa sua ânsia por sexo é medonha – falava Lilybel maliciosa.

Fui me afastando, quando percebi que suas conversas começaram a tomar um outro rumo, a festa era ótima.

Havia bebida, comida e muito sexo. Muitos não se importavam em ter relações ali mesmo, e muitos, observei, saíam para vários quartos que ali havia, e descobri que além de sexo faziam acordos, trocavam informações que para muitos não contariam. Estava horrorizada em ver que tudo era uma troca, uma troca de prazer por um segredo, sexo por informações e muitas trocas de favores e mercadorias. Fiquei bestializada quando escutei um Guardião pedir "lindas escravas" pela troca de um punhal pertencente a outro determinado Guardião, que não ficou por aí, eles negociavam como se essas escravas fossem utensílios domésticos.

— Dê-me 21 lindas escravas que lhe devolvo o punhal que resgatei; caso contrário, muito útil me será quando for necessário tratar com alguns inimigos meus e seus. – dizia o que estava de posse do punhal, porque ali este não estava, e sim guardado para melhor protegê-lo, era assim o discurso.

— Você não seria capaz de fazer isso comigo, isso nos tornaria inimigos depois de tanto tempo em harmonia, e dessa vez ninguém nos fará amigos novamente. Por que não aceita sete escravas que você mesmo pode escolher e estaremos bem?

— Não, de forma alguma, você está abarrotado delas e 21 das mais belas não farão falta a você. Ou isso, ou nada.

Estava ficando indignada com tal barganha de espíritos humanos, nenhum deles queria perder, e lá estaria eu a interferir se não fosse pelas vozes conhecidas que identifiquei à entrada do salão. Elas entravam lindamente, as sete Guerreiras trazendo a Rainha em entrada triunfal. Todos pararam para ver e reverenciar a Rainha dos Desamados, que a todos já tinha ajudado ou favorecido. Notava-se que todos a amavam e os Guardiões chefes, todos aos poucos foram se posicionando ao seu redor, eram Guardiãs que elegantemente se dispunham em belos assentos, Guardiões enormes se colocavam em seus lugares; olhava a tudo com muita atenção e notei um assento vazio, fiquei a olhar quem faltava, porque, enquanto se reuniam a um canto, a festa continuava para os auxiliares mais altos desses Guardiões. De repente, senti um cutucão, era o Negrão me empurrando para a frente.

— Ande, a Rainha a chama para fazer parte da reunião, vamos depressa. – Sem entender nada, segui para o assento vazio. Todos os grandes estavam lá, alguns ainda estavam com um de seus "comandantes de exército" ao lado, a Rainha começou a falar com seriedade.

— Amigos Guardiões, sabem muito bem que a festa é só para podermos nos reunir sem alardes. A demora de minha vinda ao seu encontro foi proposital, pois só assim consegui afastar indesejáveis para a nossa conversa.

Sabemos que estamos sendo atacados e todos nós estamos em perigo, há uma força que não deixa com que nos fortaleçamos. Parecem que estão prevendo o futuro e não querem que a Luz pratique suas ações. Temos vários Guardiões em luta, por isso é inviável suas presenças aqui, mas conseguiram nos avisar que a religião que já está começando a ser disseminada começa a ser ameaçada. Não podemos deixar isso acontecer. Caso contrário, quando chegar a época, ela não será fundada no plano material, tudo será interrompido. Então teremos de nos unir, deixarmos as desavenças de lado e servirmos a um único propósito: o desejo do Criador de todos nós em termos algo grande e luminoso, em que com certeza poderemos nos sentir usados e tratados com respeito, em que as Divindades poderão ser novamente cultuadas na natureza, onde com leis severas será tratado por nós aqui do embaixo todo aquele que infringir o equilíbrio e a evolução natural da vida, para que as luzes das Divindades possam abençoar e edificar a religião que está para nascer. Portanto, teremos de agir rápido para que nada faça a nossa missão sucumbir em espaços trevosos.

— É muito difícil entender o que está havendo. Em meus domínios há o murmúrio de algo terrível, pois nunca presenciei tantos tremores por parte de meus escravos ao volitarem pela crosta terrestre. – falava Jezebel, demonstrando interesse em ajudar na empreitada – Nunca fiquei tanto tempo sem informações precisas.

— Todos estão com medo, e muitos sumiram, simplesmente sucumbiram, pois não atendem a chamado nenhum. Já tentei várias vezes e estou começando a acreditar que logo estaremos dentro de mais uma guerra sem percebermos. – Lilybel chamava a atenção para si de qualquer forma, e, quando falava sério, parecia que encantava a todos os Guardiões masculinos dali.

— Não podemos ficar de braços cruzados. – levantei-me e pus a dissertar minhas opiniões ainda muito humanas – Se todos nos reunirmos, conseguiremos derrubar esse malfeitor que ousa enfrentar os desígnios da Lei. Vamos unir nossas forças e assim sairemos ganhadores. – falei toda feliz acreditando estar pronunciando verbos divinos.

— Oh, Guardiã cabeça-mole – que raiva, era Hagashor com seu vozeirão – Quer nos fazer o favor de ficar calada, ninguém aqui está interessado em suas idéias ridículas.

— Siiiiii, porque não é engolida por uma de minhas cobras, assim poderei usufruir de você sem me preocupar em procurá-la. – agora era Megahon que apareceu do nada. Eu me perguntava o que eu teria ainda de suportar daqueles dois monstros.

— Por favor, vamos parar com essas discussões paralelas. Peço sim que haja união entre todos, que possam juntar-se em um grupo ou pelo menos se comunicarem sempre que souberem algo para que possamos, unidos, vencer o mal. Não poderei me ausentar muito dos domínios da Mãe do Mar, tenho que me preservar durante mais tempo em seus domínios; então quero dizer que não poderei sair à caça, mas estarei disponível caso seja necessária a minha presença. Enquanto precisar ficar ausente conto com a ajuda das Guerreiras, Ane Marie e Madeleine para que junto às outras Guardiãs possamos desmascarar e acabar de vez com esse ser infernal. – a Rainha fez o seu discurso e, pedindo licença, saiu acompanhada dos sete Guardiões maiores, entre eles Hagashor e Megahon, para o seu "recanto" pessoal, e ficou por muito tempo em reunião fechada com todos.

— Ane Marie, minha querida, por que não vai se divertir um pouco com algum auxiliar superior de algum Guardião? – maliciosamente me empurrava Madeleine – Se não escolher logo, ficará sem nenhum e não serei eu que ficarei com você nessa festa, porque já estou me recolhendo com um auxiliar do Lodo para o meu quarto. – fiquei horrorizada e puxei Madeleine pelo braço.

— Espere aí, Madeleine, quer dizer para mim que todas as Guardiãs, inclusive as Guerreiras, estão acomodadas em quartos fazendo...

— Isso mesmo, Ane, ou acredita que não trocamos energias sexuais nas festas da Rainha? Ou você acha que a Rainha está apenas conversando com todos aqueles Guardiões? Ou acredita que nessas festas não se tem troca de interesses em meio a trocas energéticas? Você realmente é muito boba.

— Madeleine, me respeita, não acredito nisso tudo, até parece o bordel que eu tinha quando encarnada.

— É diferente, Ane querida, aqui todos sabemos o que estamos fazendo, inclusive porque a maioria aqui responde em seus domínios por desequilíbrios sexuais, então temos as trocas para liberarmos o que está acumulado em nosso sétimo sentido.

— Até você, Madeleine?

— Sim, é verdade que não trato diretamente ainda com punições, mas já tenho pouco acúmulo que preciso fazer com que se libere.

— Estou ficando louca, quando eu pensaria que teria de me relacionar com outro par para não ficar negativada... – estava tão absorta que não reparei Madeleine saindo abraçada com um ser "lodoso" e muito menos pressenti a chegada de um cavalheiro em minha direção.

— Ficaria lisonjeado se pudesse ter companhia tão agradável de se olhar. – assustada, olhei para trás e lá estava um ser humano bonito, de terno branco, olhos claros e de boas maneiras. Não queria companhias, e assim, não fui nem um pouco educada.

— Se sou agradável para se olhar então que seja assim, fique me olhando porque não estou interessada em ninguém, inclusive já estou de saída. – saí volitando brava, como poderia aceitar um procedimento que fazia lembrar o meu passado? Eu não queria mais me sentir uma cortesã.

Capítulo 18

Uma Lição a Aprender

Vaguei sem destino, por muito tempo volitei e, como não existe acaso, fui conduzida por mãos invisíveis, só assim eu posso acreditar que fui parar em um vale repleto de seres humanos agonizantes, levando em consideração que minha vontade era seguir para um lugar tranqüilo e talvez até acolhedor. Se precisava de colo, recebi uma lição melhor das coisas divinas. Não tive coragem de seguir em frente, vendo que tantos sofriam; decidi descer e parar na tentativa de poder ajudar com meus poucos recursos. Na verdade era um declive em vez de um vale, tinha uma caída, que não deixava ninguém sair de lá, porque todos que tentavam, em suas fraquezas escorregavam, caíam e se amontoavam uns em cima dos outros. Fui chegando perto e sentindo cheiro forte de sangue, de carne podre, era insuportável o cheiro fétido contido ali. Mas a minha curiosidade era maior, não iria desistir por causa de um odor forte. Ah, isso eu não faria, sair correndo sem poder ao menos ver o que conseguiria ajudar. Lembrei de minha espada e a levantei sobre a minha cabeça, mas fui interpelada por vários espíritos amedrontados agarrando meus pés e fazendo-me assim cair no meio de todos aqueles espíritos humanos esfarrapados, ensangüentados, restos de seres humanos carcomidos por seus atos desumanos, por seus atos impensados, sem a menor parcela de Amor em seus corações ressequidos de ódio, raiva, rancor, inveja, ciúmes. Não tive tempo de pensar ou agir, logo muitos espíritos estavam abarrotados em cima de mim. Comecei a ficar sem fôlego, sentia-me enterrada sob milhares de espíritos putrefatos, dementados. Eles estavam me agarrando, passavam suas mãos sobre meu corpo na ânsia de poderem tirar a energia que lhes faltava. Quanto mais eu tentava sair daquele desmoronamento humano, mais eu afundava. Em dado momento, percebi que não adiantava brigar para livrar-me daquele tormento, então fechei os olhos e comecei a falar em voz alta:

— "Senhor, meu Pai Amado, Misericordioso e Amoroso, peço-Lhe que escute meu clamor inundando este vale sofrido e degenerado com Suas Luzes Divinas, que o Seu Amor transborde em cada um desses espíritos ressequidos dando-lhes a oportunidade de recomeçarem. Muitos são devedores que necessitam aprender antes de seguirem caminhos menos tortuosos, mas eles precisam, Pai, de uma nova oportunidade de redescobrirem seus caminhos em Sua Seara Divina. O que acontecerá, Senhor meu, a esses irmãos desprovidos de Amor sem Seu amparo Divino? Como poderão sozinhos encontrar o Seu Caminho? Eu não O questiono porque sei que se assim está é porque assim o quer. Mas, Senhor, como conseguirão redescobri-Lo se ninguém os ajuda? Não quero ser ingrata, meu Pai Amado, mas como poderei ser útil aqui embaixo?" – um pranto dolorido começou a sair de meu peito. Chorava sentida em minha fragilidade, acreditei ainda não ser digna de ter elevado meus sentimentos mal pensados ao meu Criador, ao Pai de tudo e todos. Todos aqueles irmãos necessitados de um auxílio amoroso estavam perdidos comigo, que não conseguia nem fazer corretamente uma prece ao amado Criador. Já não importava mais o cheiro fétido, o toque de mãos absorvendo energias, os lamentos e gemidos. Com dificuldade, ajoelhei sobre montes humanos, olhos fechados, só pensava em Deus. Qual seria o sentido de estar ali? O que poderia ajudar a todos aqueles seres sofridos? Por que eu fui escolhida para cair naquele poço de dor?

De repente, sinto uma mão pousar em meu ombro; assustada, abro os olhos e vejo uma pequena moça também em farrapos, chorando copiosamente, tentando sorrir com o rosto dilacerado. Ela estava totalmente nua, como todos ali, praticamente não possuíam sequer um pedaço tosco de pano a cobrir-lhes os corpos, seu corpo estava todo carcomido por vermes, seu sexo era sangue e o tamanho era desproporcional, pois era enorme para um corpo humano, em seu ventre consegui identificar um feto de aproximadamente seis meses ainda acoplado em seu útero (era um espírito ainda ligado ao espírito).Vi em seu peito uma luz saindo do coração. Era a luz do Amor voltando a brilhar em seu íntimo, querendo novamente estar no Caminho do Senhor Criador. Não resisti e a abracei com todo o meu Amor, e chorava copiosamente por poder assistir o renascimento de uma irmã no meio de um campo árido de sentimentos nobres. Apertei tanto seu fraco corpo contra o meu, e era tamanha a minha felicidade que não percebia que a estava machucando.

— Pode me largar, senhora? O meu corpo é só dor e assim sinto que quebrará todos os meus ossos do corpo. – repetiu várias vezes para que a largasse até que só percebi o que fazia com um leve empurrão que recebi dela para que eu não a quebrasse mais ainda.

— Desculpe, minha irmã, é que a felicidade de vê-la sorrir e acordar para o Amor do Criador me deixou cega de alegria e queria que sentisse o que vibra em meu íntimo.

— Sei, mas já não tenho um corpo forte para agüentar certos contatos.

— Qual o seu nome, minha irmã?

— É Rosa, senhora, só que ninguém mais me chama assim, lembrando que todos me esqueceram nesse tormentoso vale de horrores.

— Deve haver um bom motivo para que ninguém viesse buscá-la até agora, Rosa. Acredito que há uma boa explicação para que eu viesse parar aqui quando a minha vontade era de estar sozinha em algum lugar inabitado.

— Eu, como muitos aqui, acreditamos que a senhora é nossa salvadora, nosso anjo misericordioso que nos levará daqui para um campo verdejante.

— Desculpe, mas temo que não encontrarão salvação comigo e muito menos posso levá-los para um campo verdejante. Se assim fosse eu saberia, pois meus amigos não me deixariam sozinha nessa empreitada. – abaixei minha cabeça na ânsia de poder escutar mentalmente a Rainha, ou o Lúcius, até as Guerreiras que sabiam melhor do que eu como agir nessas situações. Só que o silêncio era aterrador, ninguém respondia aos meus chamados mentais. Estava novamente abandonada à minha própria sorte.

— Por favor, não nos deixe aqui. A senhora com a sua luz está nos deixando mais fortalecidos, não percebeu que todos começaram a se afastar um pouco para receber a sua luz que nos conforta? – até então não havia percebido que estava dourada de novo, como podia ser aquilo? Sim, meu Amado Pai escutou meu apelo e agora sei que posso ajudar a tantos quantos me forem confiados por Ele, porque iria me dedicar ao máximo, encontrar maneiras para amenizar as dores daqueles irmãos desaventurados. Sentia-me revigorada e minhas lágrimas, pela primeira vez as senti quentes. Como poderia? Lembrei-me da linda Senhora Oxum que encontrei na Fonte da Colônia do Amor Maior à Vida. Percebi que realmente não estava sozinha. Se a Rainha, Lúcius ou as Guerreiras não estavam ao meu lado é porque o Pai me confiava aqueles espíritos, porque eu teria condições de fazê-lo sozinha. Não iria mais chorar a minha solidão, porque eu nunca mais estaria sozinha na minha existência: meu Amado Pai sempre estaria ao meu lado, vigiando-me e me ordenando em suas lições de vida, para que fizesse sempre o seu Caminho e nenhum outro mais.

Como era bom sentir o Amor saindo por todos os poros de meu corpo.

Consegui me levantar e comecei a falar bem alto para todos se ajoelharem:

— Todos, agora ajoelhados, comecem a elevar seus pensamentos ao Pai Maior, ao Único Criador de tudo e de todos, comecem a pedir perdão por seus atos desumanos, por seus pecados mais impuros, pelas suas bestialidades com o semelhante. Não tenham vergonha de admitir os erros que os fizeram cair tanto em suas existências. Tiveram o livre-arbítrio de conduzirem suas vidas da forma que acreditaram mais adequada, e se esqueceram que quem planta colhe e quem escolhe o caminho errado cairá mais cedo ou mais tarde no abismo profundo do esquecimento humano. Vocês, irmãos, que na ignorância, na ambição já caíram no abismo escuro, está na hora de começarem a subir, a saírem do fundo, pois o fim dele acabou. Comecem a se arrepender de suas vidas imundas, pois agora é hora de se livrarem de todo o ódio, rancor, raiva, luxúria, egoísmo, inveja, todos os sentimentos negativos em seus íntimos, anulem todos e comecem a vibrar o Amor que o nosso Pai Maior tem por vocês. Comecem a vibrar a Fé que está adormecida em seus corações enegrecidos pela falta dele. Comecem a sentir pelo irmão ao seu lado o Amor fraternal, não o amor destrutivo, o sexo descomedido que muitos praticaram. Amem ao seu semelhante com o Amor puro, o Amor que nos foi herdado por Ele, o Criador de Tudo. Aceitem seus destinos e os confiem ao Pai Maior. – muito mais eu falei. Falava palavras saídas do coração. O Amor por aqueles irmãos me movia a dissertar sobre o valor da Fé regida pelo Amor verdadeiro, e falei, falei sobre as diversas formas de Amar a Criação Divina. Quanto mais eu falava, mais aqueles seres humanos caídos no sentido amplo do Amor choravam seus pecados.

Não tenho idéia do tempo que fiquei dissertando sobre o Amor e a Fé ao Divino Pai Celestial. Não tenho idéia do quanto choraram e se entregaram ao Pai os irmãos caídos.

Sentia-me útil, leve e tranqüila, como se o meu esforço para ajudá-los também estivesse me beneficiando de alguma forma. Agora com todos mais serenos, um pouco mais equilibrados, levantei minha espada acima da cabeça e com toda a minha força fiz irradiar. Com a sua luz abrangendo todo o vale, cobriu todos os irmãos ali ajoelhados e aos meus olhos vi a regeneração parcial de todos que estavam ajoelhados clamando ao Criador suas curas.

Aos que levantavam, percebi que não tinha sido completa a cura de seus corpos espirituais. E todos perceberam logo que ainda estavam com uma deformação. Não tinham mais os corpos putrefatos, não havia sangue por todo o corpo, os fetos que em muitas mulheres estavam ligados a seus úteros, tinham sido desligados e enviados a um local para mim desconhecido, mas estavam puros e livres novamente, a decomposição sumira, dando lugar a corpos sadios. Mas algo não mudara em nada, continuava com o mesmo aspecto hediondo: seus sexos não haviam se transformado. Continuavam a ser descomunais, atrofiados, ensangüentados e muitos não o haviam recuperado, pois não os possuíam, tendo assim um buraco em seu lugar.

Fiquei chocada, o que acontecia para que não pudessem ser inteiros novamente? Por que essa deformação insistia em continuar?

Não hesitei e, com a espada acima da cabeça, mentalizei as energias regeneradoras e as dirigi para o sexo de Rosa. Como fui idiota, fazendo isso enviei uma fonte de energia condensada muito grande e Rosa caiu prostrada ao solo, gemendo inconsciente de dor. Como pude ser irresponsável dessa forma? Por que não meditei primeiro para saber que aquilo era coletivo, pois todos erraram desumanamente no sexo? Por que tenho de ser sempre exagerada em meus atos? Como reverterei o que fiz, porque não era só a Rosa quem caíra ao solo, mas todos se debatiam em dor inconscientes. Um monstro, era eu a fazer atrocidades em nome do Criador.

— Senhor, o que fiz? Apenas queria vê-los curados para seguirem o Seu Caminho. Mas estou vendo que sou uma irresponsável em tudo o que faço. Por que não consigo entender Suas Vontades, Pai? O que fiz com os meus irmãos caídos? Por que todos sofrem a dor que eu proporcionei, em vez de só a Rosa? Por que todos pagam, sendo que não conseguiria ajudar nem a Rosa desse tormento? Como posso ajudar agora, Senhor meu? Pai Amado, se preciso for passarei minha eternidade toda aqui no embaixo, sem direito à Luz, se tiver de apenas eu sentir essa dor insuportável que a todos pune, então deixe que apenas eu sofra, Senhor do meu Caminho. Que eu viva na dor e nas trevas pelo que fiz e não eles que estão sofrendo o que eu exagerei em meus atos, sofrendo o meu erro. – estava desesperada com um ato inconseqüente. Tentava irradiar de minhas mãos energias que vira a Rainha emanar, tentei fazer o que as Guerreiras faziam. Nada, nada mudava. Apenas eu corria de um lado a outro conversando, acalentando, clamando perdão pela atrocidade cometida. Era difícil contemplar centenas ou milhares de seres humanos se debatendo de dores inconscientes, e sabendo que pioraram com minha interferência.

Fiquei exausta e deixei-me cair ao solo úmido. Chorei todas as minhas lágrimas de remorsos. Com o esgotamento energético, adormeci um sono inquieto. – Estava ordenando o sacrifício de muitas jovens, a maioria grávidas que aceitavam o seu sacrifício, acreditando estar se entregando ao paraíso junto com seus filhos bastardos, todas grávidas dos sacerdotes do culto à deusa da fertilidade. Era uma insanidade. Nada faziam sem sacrifícios humanos. Revivi a cruel fase da humanidade em que os seres humanos encarnados ainda conseguiam ver, ouvir e conversar com suas divindades naturais, cultuando-as junto à natureza. Só que isso se desvirtuou tanto que hoje em dia é muito raro quem as deslumbre na natureza. Conforme eram sacrificadas, automaticamente elas se ligavam a mim por um fio escuro ao meu sexo. Nesse momento acordei sobressaltada e constatei que não tivera um sonho, e sim a recordação de uma época em que, negativada, fui uma das muitas Deusas do Amor e da Fertilidade que impunham o sacrifício humano. Então percebi que aqueles fios que estavam em meu sexo ainda permaneciam e aqueles seres humanos que praticavam o sacrifício eram aqueles espíritos humanos ali jogados naquele vale de dor.

Entendia agora que nada é por acaso. Eu não havia encontrado aquele vale por coincidência, por estar vagando sem rumo. Percebi que talvez naquela festa em que todos trocavam suas energias sexuais, talvez fossem melhores do que eu, pois aceitavam o fato de precisarem do "sexo" e assim enfrentarem melhor seus desafios aqui nas esferas inferiores. E por que eu, que incentivei tanto o sexo desenfreado, o aborto e o sacrifício humano, ficava tão ofendida por um simples ato de descarga de energias sexuais acumuladas?

Sim, o Criador me levou para o local onde precisava acordar e parar de ser a "puritana".

Capítulo 19

O Triste Encontro com Mãe Nanã Buruque

Como me envergonhei dos meus atos. Queria que a culpa, a dor, tudo viesse para mim e assim não precisaria olhar quanto estrago fiz. Tinha de pensar depressa, não podia ficar ali caída sem fazer nada, então me levantei, tinha de assumir os meus atos:

— Levantem, meus irmãos, sei que muitos estão aqui porque foram ludibriados com falsas promessas. Sempre aprenderam que era divino fazer sexo por fazer, que abortos e sacrifícios humanos eram presentes, dádivas aos seus deuses fálicos, pois estavam errados e muitos já sabem que fui grande responsável por estarem aqui, fui eu quem os incentivava e lhes dava falsas alegrias. Mas não vou me esconder de vocês e nunca mais os deixarei. De agora em diante, serei uma amiga e irmã a ajudá-los em suas evoluções. E mesmo sabendo que muito estrago proporcionei aqui quando os reencontrei, por não ter preparo adequado, não me intimidarei em procurar uma maneira que os faça evoluir para um dia saírem desse vale. – mal terminei de falar e, de repente, fui puxada para dentro de uma luz que surgiu do nada. Acreditei que agora seria o meu fim como espírito. Foi muito rápida a viagem através desse foco de luz e fui parar em frente a uma Divindade, mas não consegui identificar quem era, e a luz me cegava, automaticamente prostrei minha cabeça ao solo em sinal de reverência, e em nada mais consegui pensar:

— Vejo que aprendeu a não ousar, depois do estrago que fez quando já havia auxiliado tantos caídos de uma única vez. Só não acredito que não tenha ouvido o sinal para parar. Mas, como não estragou tudo quando apenas irradiou um em vez de todos, porque seria pior o tormento daqueles infelizes, e por chamar para si as dores que proporcionou, mostrando-se digna, concederei um mistério para que me sirva como minha serva nas trevas da ignorância, onde a evolução é ceifada daqueles que têm a infelicidade de contrariar a vontade do Criador, a vontade em que todos evoluam e são proibidos, ou se proibiram. O mistério concederlhe-ei, mas não terá o prazer de me vislumbrar enquanto não tiver sanado o mal que ocasionou aos meus filhos, pois também sou Mãe, a todos que me consideram e aos que não me conhecem também os trato por filhos, só conseguindo me ver quando a todos me devolverem – nesse instante, mesmo com os olhos fechados, invadiu-me uma luz em todo o meu mental, e com ela recebi toda uma gama de informações, de conhecimentos, ou seja, recebi todo um mistério em poucos segundos. Fiquei atordoada com tamanha força mental.

— Sempre que estiver à minha frente, você ficará ajoelhada com a cabeça ao solo. Não é permitido que me contemple, apenas que ouça o que preciso que seja feito. Agora siga e comece a cuidar de meus filhos, Guardiã do Amor Evolutivo, pois você já tem a decantação da energia sexual, siga o seu destino. – estava com tanto medo que não havia entendido que também era sua filha e não consegui chamá-la de mãe:

— Sim, minha Senhora, mas como posso chamá-la?

— Se um nome é importante, digo-lhe que sou a Senhora da Decantação do Amor Desequilibrado, conhecida como Nanã Buruquê do Amor Divino. Sou uma divindade da Evolução e digo-lhe mais ainda: não caia ou deixe mais ninguém cair em sua evolução, tanto no Amor quanto em outros sentidos, porque não terá mais a complacência que agora está recebendo de mim ou de qualquer outra divindade evolutiva. Agora volte aos seus afazeres.

E como cheguei ali, também saí de lá em um raio de luz. Estava embevecida, ou melhor dizendo: pasmada com o que havia me acontecido. Fiquei à frente de uma Divindade que, em vez de eliminar-me pelo mal que fiz, me concedeu um mistério maravilhoso para que eu pudesse redimir os meus atos inconseqüentes. Mas ainda assim estava assustada, precisava de qualquer maneira ser responsável pelos atos que cometesse dali para a frente, tinha em mim um poder que seria necessário reflexão certa e rápida para ser usado. Eu não queria mais ser a responsável, ou a culpada mesmo, por tantos seres sofrendo pelos meus erros incontáveis. Já estava há muito tempo de volta ao vale de onde tinha sido levada ao encontro daquela Mãe Nanã, fiquei olhando por longo tempo o infinito como se não houvesse ali milhares de seres humanos sofrendo com suas dores. Eu precisava agir, mas não reparei que em minhas mãos a minha espada brilhava e que mais um símbolo se agregou em seu metal. Chorei de alegria e gratidão, o poder da Mãe Decantadora estava em mim e com a espada. Conseguiria, eu tinha certeza, fazer o meu melhor, pois o seu mistério estava em mim e em minha espada Guardiã. Faria aqueles espíritos pararem de sofrer tamanha fúria em seus sexos atrofiados. Quando levantei a espada acima da cabeça com as duas mãos, nunca imaginaria que pudesse trazer tamanhas conseqüências, para mim. O novo poder da espada fez com que os espíritos tivessem suas dores aliviadas, mas em compensação da mesma forma que um facho de luz irradiou sobre aqueles irmãos enfermos, voltou novamente para a espada, projetando sobre mim toda a energia negativa que os atormentava. Urrei de dor e caí, não sei por quanto tempo fiquei jogada ao chão me debatendo de dores inimagináveis, A única coisa de que me lembrava era de clamar ajuda ao Criador, ao mesmo tempo pedindo perdão por agir errado novamente. A dor era irreal, mesmo quando estava em domínios de Hagashor não senti o horror que me enlouquecia.

— Dessa vez ela conseguiu superar a ingenuidade quanto aos domínios de seus poderes. Vamos conseguir contar a melhor piada já ouvida em todos esses séculos nas reuniões dos Guardiões negativos.

— Acho que podemos brincar um pouco antes de ajudá-la a se levantar, o que acham, Guerreiras?

— Eu convocaria todos os Guardiões Maiores daqui do astral inferior para podermos mostrar como não conceder poderes a idiotas como a Ane Marie.

— E se chamássemos o Negrão e o Rajado para se aproveitarem da situação? – escutava a tudo ciente de que teria de suportar as gracinhas das Guerreiras e da Lilybel se divertindo com a situação, mas, ao ouvir sobre o cachorro-lobo e a cobra rastejante, mesmo sabendo que estávamos amigos, fiquei desesperada, porque e se eles gostassem idéia e aproveitassem? Eu estava imóvel, mas arranjei forças para começar a gritar mentalmente:

— Não façam isso, ou me ajudem ou sigam seus caminhos, já basta sofrer essa dor infernal e vocês ficam de piadinhas?

— Há, há, há, pelo que vemos não está assim tão ruim. Consegue até se comunicar, por que nos preocupamos à toa? – falava Lilybel para as Guerreiras – Como estamos atrasadas, o que acham de deixarmos a Ane Marie sofrendo mais um pouco? – entendi que elas fariam tudo para gozarem de mim.

— Tudo bem, sei que estou paralisada por causa do acúmulo de energias e, se consigo falar, é graças ao Criador que me permitiu ainda ter essa faculdade de fazer isso pelo meu mental, coisas que vocês sabem muito bem escutar, então digam o que querem para me tirarem dessa paralisação. – suplicava mentalmente.

— Ora, ora. Agora começou a ficar interessante. – Naíra sempre me amedrontava – Terá de ser algo muito valioso, pois não é sempre – para dizer a verdade, nunca – que precisamos ajudar uma Guardiã que se feriu com o seu próprio poder. Você já precisou, Lena?

— Sinceramente, nunca presenciei uma cena tão hilariante como essa, é bem possível que ninguém acredite quando contarmos, o que acha, Náshila?

— Que devemos fazê-la escrever sobre essa situação cômica para deixarmos registrado, não é mesmo, meninas?

— Parem com isso, eu sei que não é isso o que querem, então comecem a falar – já estava muito enfurecida e não percebia que as dores estavam diminuindo muito, mas, como disse uma vez, as Guerreiras não perdem a oportunidade de infernizar a vida de quem quer que seja e muito menos de tirar alguma vantagem.

— Está bem: em primeiro lugar, queremos que nos escute para que não caia mais em apuros, apesar de que dessa vez foi você mesma que puxou para si essas dores. Em segundo lugar, precisaremos de sua ajuda quando for a hora certa. – Náshila mal acabou de falar, Lena foi logo acrescentando:

— E começará a respeitar as regras aqui do astral inferior para poder ser respeitada.

— Guardiã que é guardiã não fica questionando normas já estabelecidas e que todos seguem porque sabem que é o certo a fazer e o melhor para todos – Pandora também falava com muita seriedade.

Eu apenas ouvia a tudo sem argumentar nada, sabia que se as contrariasse ficaria jogada, paralisada, com dores, e seria alvo fácil para qualquer ser das trevas que passasse perto dali. Aos poucos, conseguia mover o meu corpo. As dores foram aliviando, até que observei que Riana, Sandara e Shira, juntas regrediram a paralisia e as dores fazendo-me ficar em pé. Fiquei muito triste ao perceber que o meu sexo estava anormal. Chorei. Não tive vergonha e chorei de tristeza, de remorso, de dor e até mesmo, por que não, de vergonha. Como suportaria tamanha humilhação? Como me apresentaria para os outros Guardiões?

— Ane Marie, não tem por que se envergonhar, todos erramos e carregamos os nossos erros – Lilybel já estava doce novamente – Isso você poderá ocultar até ter o direito de possuir um sexo normal de novo.

— Eu apenas quis ajudar esses irmãos necessitados de compreensão e amor, e apenas consegui piorar tudo e fazer com que uma Mãe Maior ficasse com ódio pelas besteiras que ocasionei a todos esses filhos dela.

— Chega de chorar e lamentar sobre as besteiras que já fez. – Naíra sempre era direta e racional – Se chorar resolvesse alguma coisa, esses caídos já estariam livres de seus erros.

— O que Naíra tenta dizer é para você se acalmar que juntas veremos o que há para se fazer por você e por todos esses espíritos devedores.

— Está bem, Riana, estou mais calma, o que vocês precisam saber para me ajudarem?

— Já deu para perceber que sua dor maior ficou uma dor localizada e de menor intensidade?

— Sim, agora a dor é suportável e a sinto apenas na região do meu sexo.

— Correto, com o seu poder mental vá modificando-o até que para olhos não treinados ele pareça ser normal, mesmo que, para nós e para quem tenha olhos para ver, saibamos que ele está atrofiado.

— Mas, de que adiantará se muitos saberão que estou deformada?

— Não serão todos, e não é nem um pouco agradável ver uma bela Guardiã do Amor deformada justamente nesse sentido.

— E, se seguir nossos conselhos, em breve ele voltará ao normal.

Estava sendo um choque para mim ficar daquele jeito, mas fiquei um pouco mais tranqüila ao ver que, apesar de não modificar o meu sexo, não chocaria outros podendo fazer parecer com que nada tivesse acontecido.

— Conte-nos o que aconteceu para tentarmos ajudá-la.

— Está certo, contarei tudo sem omitir nada– e tudo contei de como fui parar naquele vale, a tentativa de amenizar as dores dos espíritos caídos, o encontro com a Mãe Nanã Buruque do Amor, o retorno ao vale, e o porquê de terem me encontrado jogada ao solo. Quando acabei de narrar, via o semblante de decepção de todas elas. – É tudo isso que eu fiz de errado, agora será que ainda posso corrigir esses erros todos?

— Vamos lhe explicar tudo, minha criança perdida – Lilybel tomou uma atitude de mãe, que eu sinceramente gostei e admirei – Não foi certo ter nos largado no meio de uma festa da Rainha, principalmente agora que não a veremos tanto, sendo que estará afastada cumprindo o seu dever junto aos seus Senhores. Se tivesse ficado mais tempo conosco, ensinaríamos muito do que você já fez de errado e muito do que ainda poderá usar em seu benefício e do semelhante.

— Eu não podia aceitar aquele comportamento, Lilybel. Fico muito confusa porque não sei o que é certo ou errado nesse lugar onde agora habito. Quando encarnada eu sabia das coisas, só que não as fazia correto, porque eu não tinha idéia de conceito pós-morte da carne.

— Tudo bem, mas não é hora de se desculpar de sua vida encarnada. Você necessita usar mais a sua capacidade de percepção, usar os seus poderes de Guardiã.

— Então por favor me ensinem, porque não sei como fazer.

— Está certo. Primeiro, em uma coisa você não errou: da primeira vez, ao empunhar sua espada para o coletivo, o fez inocentemente, porque não observou que todos estavam ligados por cordões e, atingindo um, atingiria a todos, então o poder não puniria quando não se conhece a verdade, ou seja, que ao desconhecer o uso do poder ele não penalizaria o inocente, principalmente o pedido feito com o Amor puro que transbordava de seu íntimo. E de uma única vez a todos você atingiu com o poder de diluição e renovação das energias condensadas, mas errou ao não perceber que se melhor não ficaram é porque todos ainda tinham de se arrepender e pedir perdão ao Criador para, aos poucos, conseguirem o sexo normal de volta.

— Mas nessa hora eu só apontei a espada para a Rosa e todos caíram agonizantes.

— Foi por isso que você não foi eliminada, porque a ação da primeira vez era de beneficiar a todos que se encontravam em condições de receber o alívio suficiente para raciocinarem sobre os seus pecados mais íntimos. O que na segunda vez você deveria ter pensado, era usar seus dons para não utilizar novamente a espada deliberadamente, teria entendido que todos receberiam uma carga energética por causa dos cordões todos interligados com você.

— Ane, muitas vezes apenas é permitido uma melhora para que muitos possam se redimir perante a Lei Maior, porém não quer dizer que todos seguirão para colônias de amparo na Luz como fizemos até agora. Você não presenciou nenhum resgate nosso em que levamos espíritos para o "Nosso Recanto", e lá eles trabalham de muitas maneiras para um dia poderem optar em seguir os caminhos do Criador na Luz, enquanto isso seguirão os caminhos da Lei aqui no embaixo.

— Como saberei quando usar a espada e de qual maneira? Visto que já vi as Guerreiras usá-las todas juntas e para o coletivo?

— Realmente os poderes são estranhos de se entender, por isso não os questionamos para não nos equivocarmos. O correto é que, agora que você recebeu um poder, deverá prestar atenção quando o utilizar.

— O correto é que ao empunhar a espada com a mão esquerda estará absorvendo, diluindo as energias negativas; ao ser usada com a mão direita, coisa que nós aqui embaixo quase não a usamos, apenas para quem tem o direito de regeneração, nós irradiaremos energias salutares, que aliviarão dores. E quando utilizadas com as duas mãos, fazemos a absorção e irradiação de energias ao mesmo tempo, mas é preciso bom senso e cuidado para isso.

— Ane, muitos Guardiões usam suas espadas sagradas apenas com a mão esquerda, por motivos a eles pertencentes, mas nós, algumas Guardiãs e também a Rainha, que solicitamos o direito de podermos usá-las tanto com a mão esquerda quanto com a direita, é para que em nossos caminhos possamos ajudar a todos os espíritos caídos já prontos a serem resgatados de seus sofrimentos. Então não se impressione se algum Guardião disser o contrário. – Todas explicavam sobre os poderes, como usá-los, estavam sendo verdadeiras irmãs comigo, eu não entendia como não conseguia raciocinar coisas que estavam bem à minha frente, mas entendi que o melhor era não querer entender o mistério de outros e sim guardar e confiar no que estava sendo concedido a mim. Mas por que me sentia desamparada? As lágrimas começaram a cair de meus olhos.

— Por que chora, Ane?

— Não fique assim, não gostamos de vê-la chorar.

— Choro por não ter me despedido da Rainha e por desapontar uma Mãe Maior com minha estupidez. – Lilybel me abraçou e, como a Rainha fazia, passava suas mãos em meus cabelos, fazendo-me sentir segura.

— A Rainha atenderá ao pedido da Mãe do Mar, mas ela tem certeza de que você conseguirá vencer e se tornar uma Guardiã poderosa. Agora, quanto a Mãe Nanã Buruquê, você realmente a deixou bem desapontada, pelo que nos contou, porque a todos ela recebe com um afetuoso abraço, mas acredito que logo você conseguirá se mostrar uma filha merecedora de um grande e longo abraço.

— Lilybel – Naíra chamando todas a realidade –, não temos mais tempo, pedirei para Madeleine nos encontrar junto com o Rajado e o Negrão perto do local da reunião, está bem assim?

— Sim, vamos nos preparar porque a conversa não será agradável, e se recomponha, Ane, porque você vai com a gente.

— Mas para onde vamos?

— Ter uma conversinha com uma Guardiã traidora.

— E por que há a necessidade de irmos todas?

— É porque a conversinha poderá resultar em um confronto e não queremos estar despreparadas.

— Só mais uma coisa: o cachorro e a cobra não são da Rainha? Porque eles têm de nos acompanhar?

— Quando eles estão desocupados nos atendem, para assim conseguirem se elevar, trabalhando a serviço da Lei.

— Mas, e quanto a esses irmãos, o que farei com eles? – estava preocupada com os espíritos daquele vale.

— Peça às suas escravas Guerreiras que fiquem de guarda aqui para que não ocorra nenhum ataque surpresa nesse vale da Ane.

— Dessa vez, Lilybel, permitiremos que uma escrava de cada uma de nós tome guarda para Ane enquanto ela mesma não constrói o seu exército.

— Obrigada a todas e muito em breve farei desses próprios espíritos bravos guerreiros – as Guerreiras, com uma ordem mental, chamaram e posicionaram suas escravas em pontos estratégicos, que ao menor movimento saberiam como defender o vale.

— Agora vamos ao nosso destino.

Capítulo 20

A Fortaleza da Ilusão

Volitamos a um local saturado de energia sexual negativa, até o ar cheirava a sexo. Encontramos Madeleine, Negrão e Rajado à nossa espera.

— Ainda estamos longe da entrada, Senhora Lilybel, mas já daqui conseguimos sentir as condensações energéticas – era Madeleine quem falava, estava mais madura desde a última vez que a tinha visto na festa.

— Não estranhe a Madeleine. – Observava Sandara – Ela é uma ótima guerreira e sabe muito sobre como lutar aqui embaixo.

— A gente passa por transformações-relâmpago quando se é necessário, seja bem-vinda novamente ao grupo. – Madeleine realmente crescera na sua forma de expressar.

Não preciso dizer que nem Rajado nem Negrão falaram comigo, para mim também estava ótimo ficar a distância deles, quanto menos contato melhor.

— Alguém pode dizer o que realmente fazemos aqui? – era eu a perguntar, porque o que comecei a ver com os meus olhos a distância era difícil de acreditar.

— Viemos resgatar uma maga que foi traída pela Guardiã desses domínios. – Lilybel estava séria, muito concentrada, seu semblante demonstrava toda a sua preocupação em liderar aquele resgate dificílimo.

Aqueles seres que estavam ao longe conseguiriam assustar até a mais corajosa das amazonas, só que não podíamos ter esse luxo de nos assustarmos e sairmos correndo de lá, isso para nós não era possível. Teríamos de enfrentar a nossa sina, fosse ela ou não o nosso desespero.

Percebia que para cada uma de nós: Guardiãs, Guerreiras e até para Rajado e Negrão, os nossos mais íntimos pesadelos estavam ali representados, os piores monstros se encontravam atrás de grandes muralhas erigidas por espíritos humanos, um amontoado sobre o outro, seus rostos voltados para o exterior da muralha, isso não importava se a cabeça estivesse retorcida do corpo ou não. Os olhos esbugalhados, recobertos de sangue. Conseguia-se ouvir de longe gemidos ensurdecedores e angustiantes. Os corpos dessas cabeças estavam ressequidos, suas energias e fluidos, tudo sugado. E eles eram enraizados por espinhos vivos, talvez a energia mental supria os espinhos para conseguirem ter vida própria.

Eu olhava tudo e de tudo tentava tirar conclusões quando não conseguia encontrar o motivo do que olhava, mas não encontrava respostas. Tudo naquele domínio parecia estar envolto em uma penumbra alucinógena. Observamos muito tudo e não tínhamos a certeza do que víamos.

Tudo parecia confuso, porque, quando descobrimos a muralha de seres vivos, começamos a vislumbrar cenas saudáveis, de pessoa felizes, tranqüilas, em meio a um verdadeiro oásis, onde todos ali praticavam sexo de forma mais pura e linda já vista. Mas como isso era possível se estávamos em esferas negativas muito densas e ali nem um posto de socorro seria uma paisagem retratada em belo quadro? Mas os monstros que antes falei estavam lá, apenas víamos o que mais nos afetava, para a maioria de nós a vida sexual regrada e na sua mais pura prática do amor nos trazia lembranças de nossas vidas no pecado. Não eram apenas cenas felizes de relações harmoniosas, mas havia também cenas de sacerdotes felizes, com o seu "rebanho" em harmonia, visões de lindas mães amamentando seus filhos. A todos nos afetavam, a todos mostrava cenas dolorosas, porque em todas nós estávamos, uma cópia nossa em cenas lindas, sedutoras e convidativas para ultrapassar a muralha humana.

De repente, acordo desse transe fantasioso e reparo que as Guerreiras choram, Negrão e Rajado estão em estado de reverência e Lilybel está concentrada em nos segurar ali e descobrir como sair desse encantamento.

— Ane, vejo que não consegue olhar para lá.

— Sim, Lilybel, mas vejo que a você também afetam essas visões, como é possível isso?

— Se eu falar o contrário é mentira, mas estou tentando encontrar a forma de sairmos daqui com a Maga sem corrermos mais perigos.

— Lilybel, enquanto olhava a muralha desses infelizes, reparei que está circundada por flores que chegam bem aqui, que para mim são muito estranhas, talvez passou despercebido porque tudo é diferente por onde andamos e elas apenas têm o pistilo avermelhado, diferenciando-se das demais quando as encontramos, e delas saem um pó adocicado. Começo a acreditar que elas são alucinógenas. Se pudermos mentalizar o "Nosso Recanto", talvez paremos de ver o que nos atormenta.

— É possível que esteja certa, o melhor é tentarmos.

Todas nós, com minha ajuda e a de Lilybel, começamos a nos concentrar em pensamentos positivos, fizemos isso com o cão e a cobra também. Logo não vislumbrávamos mais o horror de cada uma e conseguimos ver a real situação atrás da muralha humana. Havia milhares de soldados mulheres guardando aquele domínio. Muitas estavam de guarda juntamente com cães–dragões, que na verdade eram cães com caras de dragões raivosos e flamejantes, que de suas narinas expeliam chamas e eram bem maiores que o Negrão. Possuíam os soldados mulheres armas mortíferas, lanças que ao pequeno toque se transformavam em flechas afiadas.

Eu tinha de fazer alguma coisa, não agüentava ficar parada olhando pacificamente. Agucei minha visão e entrei nos domínios escuros e lamacentos. Era uma formação rochosa que lembrava um castelo. Fui me aprofundando e tentava encontrar um meio de entrarmos facilmente sem um combate inicial. Estava difícil, porque havia olhos por todos os lados, a formação rochosa era toda revestida de seres humanos igual à muralha, e percebi que de todos saíam cordões finíssimos e os segui. Levei um choque quando cheguei ao fim dos cordões. Assustada, caí sentada no chão, como se tivesse recebido um grande choque, pois ao ver a criatura ela também me enxergou, gerando uma grande força energética sobre mim.

— Ane, por favor, diga se está bem.

— Ane, o que aconteceu? Fale conosco. – todas estavam preocupadas, não era para menos, meus olhos temporariamente ficaram inteiramente brancos, com o estrondo de energia em luz. Mas, como disse, foi temporário.

— Não acredito no que vejo – falava sem desviar meus olhos daquele monstro.

— O que você vê? Fale, por favor.

— Por que essa Maga veio enfrentar essa criatura sozinha? Como o Pai Incriado permitiu que essa criatura fosse criada? – ajoelhei-me e de meus olhos lágrimas caíam.

— Ane, volte a si. Não caia em tormentos, pois foi assim que essa Maga se deixou levar por monstro tão abominável – Lilybel fez-me voltar, mas nunca deixei nem vou deixar de esquecer o que presenciei naquele dia.

— Conte-nos o que a impressionou tanto, para que possamos juntas conseguir fazer o que precisamos.

— Ela já sabe que estamos aqui, mas é paciente, então não preciso fazer rodeios e contarei o que a faz ser horrível.

Todo o seu ser, que apenas é um mental deformado, está impregnado de seres humanos deformados imersos em sangue, como se fosse uma cela, há fetos, ovóides, tudo está vivo e em meio de tal miscelânea encontro lodo, sujeira, vermes a comer o corpo espiritual dos seres humanos ali presos, tudo feito com muita calma, sempre chegando mais e mais seres humanos, fetos e até crianças pequenas a se amoldarem naquela massa deformada de seres e energias negativas. O seu poder era imenso, tinha toda uma consciência tanto do seu domínio quanto a do plano terrestre, pois dela saíam fios enegrecidos ligando-a a vários seres humanos, muitos sacerdotes, médicos, pessoas que faziam partos, todos os fios ligados a pessoas que além de terem boa oratória tinham o sangue-frio para ceifar a vida de um inocente. Ceifavam as vidas não só as tirando do corpo carnal, mas fazendo levarem uma vida iludida do certo e do errado, uma vida em que o sexo e o sacrifício humano eram dádivas ao céu, apenas esqueceram de dizer que o céu para cada um é de uma forma diferente, e que o céu das escrituras sagradas não condizia com atos libidinosos ou assassinos, esses atos condizem com os infernos do céu dos iludidos. Essa massa infernal também aprisionava espíritos bons, mas que caídos em sua armadilha visionavam seus mais íntimos desejos de poder e de suas fraquezas. Todos estavam misturados com outros espíritos que, ao contrário, estavam presos por causa de suas quedas conscienciais já constituídas quando encarnados, esses outros espíritos que eram iluminados e se agruparam após o desencarne em missões da Lei deixaram-se cair na ilusão, porque todos sem exceção estavam em estado hipnótico, vivendo as mais belas fantasias de suas vidas. Agora o que mais me deixava pensativa era como venceríamos esse ser que já era medonho de se olhar, estando ligado a um poder das Trevas.

Mesmo antes de entrarmos, os dois seres já nos identificavam. O poder das Trevas a tudo via e deixava informado o ser deformado e descomunal que a todos hipnotizava e subjugava com seu mistério negativo.

Esse poder das Trevas era uma mulher linda em sua aparência, à primeira vista, mas para olhos bem treinados ela não passava de um ser deformado. Assustei-me quando notei que em seu peito o símbolo do Amor estava enegrecido. O Amor de Deus estava ausente, invertido na verdade, nessa poderosa senhora das Trevas. Comecei a sentir o seu rancor, vibrações de ódio e amargura saíam desse símbolo apagado. E ao mesmo tempo senti tanto Amor por ela, sabendo que um ser humano não tinha em seu interior sequer uma fagulha de Amor, o Amor Divino que recebia de Deus Amor, do Pai Maior, e enviava tornando uma batalha as irradiações emitidas pelas duas: de um lado o ódio e, em contrapartida, o meu Amor. Não demorou para que ela se enfurecesse de verdade e dela saíam energias que mais pareciam raios escuros que a todas queriam acertar. Então percebi que em vez de fazê-la melhorar em seus sentimentos só consegui que ficasse mais irritada.

— Chega, Ane, não brinque com poderes que desconhece. Lorth não permitirá que saia inteira dessa fortaleza, ainda mais se antes de entrar você já a está desafiando. Assim colocará todas nós em perigo.

— Acredito que caímos em uma cilada, Lilybel – Pandora estava muito concentrada e não media esforços para encontrar uma forma de entrarmos sem sofrer um ataque fulminante.

— Nós já estamos nessa cilada, imagine o seu engrandecimento perante a sua líder maior, ter conseguido duas Guardiãs e sete Guerreiras todas do Amor Divino? Lembrem-se de que somos e sempre seremos suas ameaças, pois levamos o Amor aos lugares e para quem elas os tiraram, deixando tudo perene e escasso. – Sandara, a Guerreira da Evolução, estava totalmente reclusa em seus pensamentos e dizia as palavras como que mecanicamente, já que não se movia em expressão facial.

— Bom, se ficarmos aqui imaginando que já estamos derrotadas, realmente já estaremos derrotadas. Então faremos mostrar o quanto também somos poderosas e deixarmos que os domínios delas se desfaçam diante de nós, Guardiãs e Guerreiras do Amor, servas do nosso Amado Criador de tudo e de todos, inclusive delas, e não permitirá que a falta do Amor Divino vença quem O traz em seu íntimo, em seu código divino e celeste. – eu sempre me exaltava e acabava dizendo muito além da conta com os meus pleonasmos.

Capítulo 21

O Confronto com Lorth

— Só você, Ane, para ter tanta certeza de que ganharemos, mas também acredito que o bem sempre vença. – Náshila estava mais calma.

— Então façamos o seguinte: Riana, Pandora e Shira seguem a Lilybel, desmontando a muralha humana; Naíra, Pandora, Lena e Sandara cuidam das soldados conquistando de fora para dentro toda essa fortaleza de dor.

— Espere aí, e você, Ane, o que fará?

— Oras, eu cuido do ser monstruoso e de sua senhora, quem mais para fazer a parte diplomática aqui?

— Por que você, se podemos todas juntas resolver isso?

— Nada mais justo do que uma cortesã política tratar de assuntos com outra política cortesã, só assim chegarei onde quero.

— E onde quer chegar?

— Logo vocês verão. – não disse mais nada e logo fui volitando para dentro da fortaleza com tal pressa que, quando percebi, já estava frente a frente com a "senhora" daquele lugar. Não podia pensar sobre o que realmente faria, lembrando que sempre há no astral quem sabe ler o pensamento de quem quer que seja, então o que havia falado do lado de fora foi para distrair a todos imaginando que eu seria capaz de revelar tudo o que pretendia fazer; fiz acreditarem que era uma perfeita idiota desconhecedora dos mistérios do astral.

Lilybel e as Guerreiras ficaram sem entender de imediato a minha colocação, mas lembraram de como agi da outra vez com a Ana Clara; então só restou que fizessem o melhor para que pelo menos elas não fossem pegas na armadilha preparada para nós. Sem emitirem pensamento algum, elas conseguiram chamar toda a atenção, revelando o que nos aguardava.

Graças ao Amado Deus, minhas irmãs eram poderosas. Quando se uniam, derrotavam qualquer inimigo, não importando o tamanho que tivesse.

Eu precisava ser muito esperta e corajosa, não poderia recuar e deixar tudo a perder. Minhas irmãs acreditavam em mim, pelo menos era isso o que achava.

Frente a frente com o ser horrível, o seu cheiro era nauseante. Não sabia para onde olhar, uma vez que era uma massa com milhares de seres humanos e fetos ligados a um ovóide. Não podia ser humano, não tinha visto um ovóide daqueles como sendo de um ser humano.

Eureca, já havia entendido, mas me negava a pensar. O ovóide não era realmente humano, era nesse ponto que todos caíam. O ovóide era de uma outra dimensão, em que os serem eram na forma de ovóides vivos, ativos e pensantes. Só que ao saírem de sua dimensão pareciam inertes, mas com grande capacidade de sugar energias sexuais, ligando os seres em seu organismo único. Tudo isso eu sabia apenas por olhar detalhadamente o que muitos talvez nem tempo tiveram. Talvez esse ser estivesse sentindo dor. Esse ovóide em sua dimensão parecia com o útero humano. Talvez isso explicasse o porquê de tantos fetos também estarem ligados a ele.

— Por que o olha com tanta compaixão?

— Por que pergunta, se já sabe a resposta?

— Não entendo que uma Guardiã do Amor caído tenha sentimentos nobres por criaturas insignificantes.

— Está enganada, o meu Amor é nobre e como Guardiã não faço distinção a quem devo amar.

— Se nobre fosse não estaria aqui nas Trevas, a recolher seres imbecis caídos.

— Nenhum ser é imbecil ou indigno de receber ajuda, seja ela qual for.

— Você seria de melhor valia se me servisse, pois lhe proporcionaria condições de prazer inacabáveis.

— Não quero servir-lhe, porque já sirvo ao meu Senhor.

— Dele você poderá esquecer fácil quando desfrutar de meu paraíso.

— Não, eu sirvo e amo acima de tudo o meu Criador, Deus de Amor e Bondade, que me acalenta quando preciso.

— Ele não a acalentou quando você caiu nas garras de seu maior algoz, e olhe que ainda ele a quer para si.

— Esqueça, pois nunca renunciarei ao meu Criador.

— Então deixe a sua Senhora, largue essa espada e venha se juntar a nós.

— Não, senhora da ilusão, do desamor, Lorth é seu nome e já sei quem você é e o que quer.

— Então me dê o que quero e assim mais fácil será para nós duas.

— Dessa forma não iremos a lugar algum, e nenhuma de nós ficará satisfeita com o resultado.

— E qual deve ser o resultado?

— Por que não aparece e conversa comigo olhando em meus olhos? Esse medo não tem fundamento, não é Lorth?

— Para que aparecer, não conseguiu me ver? Para que aparecer se de onde estou consigo manipular tudo o que quero?

— Vamos, Lorth, está deixando seus súditos apreensivos. Uma rainha mesmo como você não pode deixar seus súditos a esperar.

— Por que quer tanto que eu apareça? Se é tão esperta como se julga, venha você ao meu encontro.

— Não preciso, Lorth, porque sem você perceber desliguei o seu ser descomunal de sua teia ardilosa e logo conseguirei reverter todo esse processo que ocasionou a prisão de tantos seres humanos, incomodando e até machucando esse ser de outra dimensão.

— Você não pode ter conseguido isso, sua vadia.

— Agora sou vadia. Tudo menos isso. Foi um nome até que bem modesto.

— O que você quer, sua vadia?

— Já disse, apareça e conversaremos de igual para igual; assim, se eu ganhar, não dirá a ninguém que trapaceei como você sempre faz.

— Você é uma insolente, acreditando que caio nessa sua conversa tola. Deixe sua petulância e se renda a mim. Pois de qualquer forma serei sua senhora, e deixarei que seja a minha escrava mais nobre, ah, ah, ah!!!

— Eu é que não caio, Lorth. Nunca serei sua escrava, nunca fui e não me deixarei ser guiada por pessoas impuras como você. – Eu falava e ao mesmo tempo, com o poder de minha espada sagrada, decantava toda a energia escura que envolvia o mental deformado daquela criatura que também era prisioneira de Lorth. Estava ganhando tempo para que as minhas irmãs conseguissem chegar ao centro da fortaleza, onde eu estava, para juntas darmos fim àquela barbárie.

Não precisava fazer muitos movimentos para que o poder da espada me respondesse, notava que ganhara o que jamais imaginaria e como ainda não havia usado em outros em que não fui a responsável pelas quedas, surpreendia-me com sua força de decantação dos espíritos e mesmo até do mental da outra dimensão.

Tentava encontrar o lugar onde Lorth se escondia, eu blefava ao dizer que a encontrara, mas ela estava totalmente em um lugar desconhecido e inatingível para mim. Fazia tudo sem pensar, ela era muito poderosa e o mínimo de esforço mental, de pensamento ela captava, por isso falava bastante sem deixar que percebesse o que fazia.

Sabia que o cão-lobo e a cobra rastejante estavam lá fora e esqueci de pedir que fizessem algo, e naquele momento não podia sequer mostrá-los em meus pensamentos. Tinha errado em não mandá-los entrar atrás de mim para cuidarem da retaguarda, e por isso quase pereci.

— Você já foi escrava uma vez e será novamente, isso é só questão de tempo. – Nesse instante, atrás de mim apareceu uma guerreira enorme, nesse detalhe que gostaria de ser melhor com os dois que estavam lá fora. Quase levei uma adaga nas costas, mas não vão acreditar quem me safou dessa. Vocês conseguem imaginar quem de longe viu e apareceu assustando a mim e à guerreira má? Pois é: o cão e a cobra uivando e sibilando. Não é que estavam atentos. Foi então que percebi por que eram vistos com bons olhos por todos. Eram realmente bons sentinelas e maravilhosos amigos meus, como se tornariam mais adiante.

— Que jogo sujo, Lorth? Estávamos tendo uma conversa de Guardiãs civilizadas, mas vejo que não passa de uma cilada e de uma traidora. Você não consegue honrar nem o nome que usa.

— Está ficando brava? Pelo que sei, a minha guerreira não a deixará sentir dor, nisso estou sendo muito generosa e logo em seguida cuidarei para que suas amigas sintam a minha hospitalidade. E aí sim terei em minhas mãos a encrenqueira boazinha que todos amam, e vocês poderão presenciar a sua queda.

— Está com despeito ou delirando, Lorth? Você fala demais, nunca conseguirá nos vencer, uma vez que estamos todas unidas para derrotá-la e não pegará mais ninguém para brincar de fantoche.

— Ela será minha, aquela que chamam de Rainha, e logo que estiver em meu poder conseguirei muito mais.

— Mas que fixação você tem por ela? Por que não arranja o que fazer? Vá fazer um bordado, cuidar da sua vida e nos deixar em paz. Procure algo para preencher o seu tempo.

— Insolente, a sua conversa está me cansando, não a levará a nada, apenas ao seu destino mais rápido.

— E qual é o meu destino, Lorth? Espero que seja bem longe de você.

— Será minha escrava e me obedecerá cegamente, é o que acontecerá.

— Isso é o que vamos ver, pois que eu saiba o meu destino está nas mãos do nosso Criador, tanto o meu quanto o seu. – Lorth estava ficando furiosa e o meu plano era exatamente este: quanto mais Lorth falava e se enraivecia, mais a sua defesa abaixava e eu já estava quase enxergando o lugar onde se escondia. Só que sem esperar surge um raio, um feixe de energias bem à minha frente que, por pouco, me pega em cheio. Ainda bem que nessas horas sou esperta, e ao mesmo tempo que saltei, estendi minha espada que, além de refletir o raio inimigo, irradiou uma energia mais forte, translúcida, que cegou Lorth e clareou o seu esconderijo. Como isso aconteceu? Mistério promovido pelos símbolos sagrados contidos na lâmina da espada, portanto aconteceu e pronto.

Nessa hora já estavam ao meu lado todas as minhas irmãs de luta, para junto de mim se assustarem e comprovar que o mal nunca anda sozinho.

Lorth, ao se ver em perigo, antes de perder a visão, clamou por ajuda das Trevas, e ao seu encontro e defesa, a ilusão de enormes dragões alados, todos cuspidores de fogo pelas narinas. Então percebi que por trás dela havia um ser mais trevoso, mais sórdido e mais ilusionista, que tinha em suas mãos o poder da ilusão.

Já não sabia se poderíamos vencer Lilith, que estava sustentando Lorth nas Trevas da ilusão e da ignorância.

Era eterna essa briga entre Guardiãs da Luz contra Lilith, ser trevosa que vivencia e se nutre da ilusão do Amor e da Fé. Sempre derrubando seres de Luz que propagam o Amor e a Fé a todos os seres humanos que encontram. Tinha agora de tomar cuidado em dobro, qualquer passo em falso e estaria colocando todas nós em perigo, isso se já não estivéssemos.

— Onde nós fomos mexer? Lembrarei no futuro de não aceitar suas idéias, Ane Marie, porque agora estamos encrencadas.

— Fique tranqüila, Lilybel, nenhuma mulher feia ganhará de nós, somos superiores e juntas conseguiremos vencer.

— Isso se não virarmos enfeites para os domínios dela, posso acabar sendo usado como chicote com minha pele de cobra.

— Não temam, estamos em melhor situação. Se não perceberam, o ser que absorvia energias sexuais, que impedia de chegarmos aqui, porque seriamos puxadas até ele, já está sem força e, apesar do enorme tamanho, não representa mais perigo; os seres humanos que estariam acoplados nele estão todos caídos, esgotados em suas forças, agora só precisamos reverter isso a nosso favor.

— Então vamos agir depressa, caso contrário seremos ovóides a serem brindados pela ilusão. – Enquanto conversávamos, localizei o centro nervoso entre as duas; se não pudermos vencer as duas, pelo menos conseguiremos nos defrontar com a serva da ilusão, Lorth. – enquanto conversava, havia muito tempo durante a conversa tentando envolver Lorth com energias decantadoras e ela perdia mais e mais suas forças até que já estava em condições de arrancá-la de onde se encontrava e trazê-la até nós.

— Tomem cuidado, pois não saberei o que virá junto com essa realeza de maldades. – Nisso apareceu em nossa frente ninguém mais que Lorth, que foi brutalmente decapitada por Lilybel. – Não, Lilybel, eu não a trouxe para que virasse ovóide dessa maneira, você não tinha o direito... – e chorei pela frustração de não poder esclarecer muitas coisas, principalmente sobre a chefe dela.

— Foi o melhor a fazer, Ane, não chore pelo destino dela, pois, se assim eu não agisse, o cordão que a ligava a Lilith nos levaria até o nosso final, e não estamos preparadas para outro duelo agora.

— Ela merecia o seu destino na dor final. – a Guerreira da Justiça Lena abraçou-me e tentou me reconfortar até que, sem esperarmos, apareceu um cavaleiro-caveira com uma taça na mão, montado em um cavalo negro horripilante e nos indagou:

— Será que já posso recolher os ovóides que me pertencem? – perguntou, já desmontando do cavalo e vindo em minha direção.

— Ei, espere aí, quem você pensa que é para vir recolher ovóides que não lhe pertencem? – estava eu de novo falando mais que a conta. – Além do mais fizemos todo o trabalho e vai saindo assim todo espertinho?

— Ane, você não sabe quem ele é? – indagou-me Pandora.

— Só sei que é um atrevido depois de tudo o que passamos.

— Sua insolência a levará até as profundezas do obscuro – falou a caveira, e arrancou de minhas mãos o ovóide de Lorth.

— Salve, Cavaleiro da Morte, podia ao menos deixarmos ver o ovóide de Lorth antes de levá-lo. Só assim conseguiremos vencer Lilith, afinal – Lilybel pediu politicamente, mas a resposta foi bem direta.

— Guardiãs do Amor, estou aqui para recolher os ovóides que o meu Senhor me designou, sendo assim não posso permitir que os vasculhem.

— E quem é o seu Senhor, sua caveira horripilante?

— Ane, não o trate assim.

— O meu Senhor é o Maioral do Campo-Santo, e lhe advirto que, se for mais uma vez insolente a uma ordem dele, eu mesmo ceifarei seu espírito. – Com essas palavras e com seus olhos vibrando ódio, levantou o ovóide acima da taça e o sorveu. Nunca vira algo mais aterrador. Então pensei melhor e fiquei quieta, porque não gostaria de sofrer aquilo.

— Perdoe Ane, Cavaleiro, ela ainda não está familiarizada com todos os poderes daqui. Agradeça ao seu Senhor por cuidar de nós, mesmo não estando em seus domínios.

— Você é sábia, Guardiã do Amor, pois agindo assim sabe que nunca estará contra o meu Senhor e, não estando contra Ele, não estará contra mim, e ficaria infeliz de ter de sorver seu ovóide. – Antes de se virar para ir embora, lá vou eu falar besteira:

— Que a paz esteja com você, Cavaleiro da Morte.

— Como se fosse possível... – e foi caminhando sem mais responder.

Levei um puxão de orelha de Riana:

— Ane, desse jeito um dia você acaba virando ovóide, não seja tão cruel desejando paz a alguém que a perdeu há milênios. Enquanto for o Cavaleiro da Morte, sua paz nunca será almejada.

— Oras, por que ele não possui a paz, não quer dizer que o meu desejo não possa um dia abraçar e beneficiá-lo por segundos, e se ninguém o desejar, como será possível esse ser infeliz possuí-la nem que seja por segundos?

— Há, há, há, Ane, você não tem jeito mesmo. Daqui a pouco vai querer com que os Guardiões usem renda. Só você para ter esses pensamentos. – Lena foi bem malvada nesse comentário.

— Vamos terminar logo com isso e pedir auxílio para resgatar os espíritos já merecedores de ajuda nas Colônias e os que sobrarem... – Lilybel dizia isso já imaginando que novamente teria de assumir mais espíritos caídos em seus destinos, só que dessa vez ela tinha de dividir comigo, já que era uma Guardiã e também tinha o dever de assumir seus destinos.

Havia muitos guardiões subjugados naqueles domínios, a todos ajudamos doando energias salutares e eles nos agradeciam em prantos, por terem sido salvos de tamanha crueldade. Abraçaram-nos e muitos seguiram para as colônias de socorro para se fortalecerem e voltarem aos seus destinos.

A Maga em questão que fomos resgatar estava bem esgotada energeticamente, precisando de doações de energias que todas doamos com prazer, pois é essa Maga muito querida e sempre se faz presente para ajudar a quem quer que seja, sua humildade não condiz com seu grau evolutivo, podendo apenas ficar nas esferas superiores.

Por que Lilybel comentou que era traidora? Oras, pelo simples fato de em suas alucinações deixar Lorth conhecedora de muitos segredos nossos, mas ela foi muito bem punida e com certeza passará muito tempo em colônias de auxilio espiritual, reaprendendo como usar seus poderes mentais, depois de tê-los corrompido pelos poderes negativos de onde foi presa.

Quando nada mais restava a fazer, cada uma de nós tomou o seu caminho: as Guerreiras foram guardar o ponto de forças da Rainha, Lilybel foi se reunir com aliados e eu retornei ao vale em que havia selado o meu dever de auxiliar tantos espíritos perdidos em sua ignorância ao Amor do Criador.

Não tenho idéia de quanto tempo demorou para resolvermos as coisas com Lorth, mas deve ter sido bastante, porque encontrei o vale cheio de espíritos novamente desanimados, amuados uns com os outros, muitos querendo retroceder na pequena evolução que tiveram com o acalanto do Pai Maior. Sim, o sentido do acalanto que digo é o do abraçar, carregar no colo, correr as mãos sobre a cabeça e repassando a certeza de que se é Amado apesar de todos os erros possíveis cometidos. E esses espíritos já haviam esquecido das bênçãos que receberam.

É engraçado como o espírito humano consegue ser mal agradecido, tudo para ele tem de ser imediato, a cura tem de ser completa, a ascensão de uma única vez, o poder se não recebido inteiro e de imediato não possui valor, se recebe Amor tem que estar dependurado naquele que lhe ofereceu.

Aprendi com os milênios incontáveis e vivendo aquelas situações que a cura muitas vezes é lenta, senão o valor ao "corpo" saudável não é reconhecido e, quantas vezes forem necessárias, a "doença" retorna. A ascensão, se for rápida demais, não conseguirá aprender, a admirar o que há entre um degrau e outro. O poder, se não aprender a controlar, não saberá utilizá-lo independentemente do tamanho que ele seja. E o Amor, então, esse nem se fala, porque muitos não entendem que é um ato natural, vindo do seu interior, por você já possuí-lo, porque foi criado no Amor do Pai Criador, é algo já seu, herdado a partir da sua criação, ocorrendo apenas que o Amor verdadeiro não reconhece grau, cor, sexo. O Amor, se você se esforçar, estará em abundância brotando de você, é gratuito, salutar, caloroso, alegre e divino. Divino é aquele que consegue amar a tudo e a todos sem distinção, distribuindo a mesma quantidade de Amor a tudo e a todos. Que não é escravo de apenas uma pessoa, que consegue demonstrar e sentir o Amor mesmo estando a distância do ser Amado. Falo tanto dos seres espirituais como dos seres encarnados, que não conseguem sentir um mínimo de Amor pelo ser desconhecido.

O Amor Divino é aquele que fará você sentir-se bem em ver a pessoa amada feliz, mesmo que esta não esteja ao seu lado.

Lembrei-me de Leon e sabia que precisávamos estar longe, ele seguindo o seu dever e destino e eu, o meu. Não fico brava e muito menos me sentindo abandonada pelo Amor da minha vida. Ao contrário, fico feliz porque assim juntos podemos, cada um com o seu dever, crescer na evolução espiritual e unirmos nossos destinos, sabendo que o Amor entre nós apenas está se fortalecendo em servirmos ao Criador com o Amor que Ele nos presenteou. Mas onde ele estaria? Seria possível estar em perigo? Com certeza não era inexperiente como eu, saberia resolver todos os problemas sem arranjar confusão como eu. Bem, isso só fez com que a saudade aumentasse, tratei de ocupar o meu tempo.

Serei sincera, tempo é o que mais tinha e, quanto mais arranjava o que fazer, mais tempo me sobrava. Agora também não sei dizer se é porque o tempo aqui para nós não conta, sendo que temos a eternidade toda a nosso favor, então usei todo o meu tempo da melhor forma possível. Amei a todas as criaturas sem distinção e por igual. Qual era a minha alegria toda vez que podia ver nos rostos sofridos um sorriso, um olhar esperançoso. Como fazia bem à minha alma dividir o Amor que se transformara em fonte inesgotável. Quantas vezes tive que punir por Amor, sim, punir, porque quem Ama precisa ensinar o caminho certo, não tem de deixar o outro cair por desconhecimento, por ignorância. Só cai quando não há retorno, quando se volta as costas ao Criador, quando O enfrenta e desobedece as Leis Divinas, que são muito simples: Amem o seu semelhante como a si próprios, não os desrespeitem, deixem cada um seguir sua evolução, não exagerem nem menosprezem os seus atos, vigiem seus pensamentos e, acima de tudo, acreditem que um Pai Maior os está velando, cuidando para que aprendam tudo o que for necessário para o seu retorno a Ele. Divinos são aqueles que, com sua beleza interior, com seus esforços, retornam ao Pai Maior podendo servi-lo ainda mais, e com mais sabedoria auxiliar outros no Caminho do retorno ao Pai Criador.

Mas, voltemos à história.

Capítulo 22

Os Vampiros Sexuais

Voltei ao Vale dos Assexuados (acabei chamando assim porque quem não o tinha, o tinha enorme e deformado, que era a mesma coisa que não tê-lo). Tempos depois foi rebatizado com um nome melhor, ainda bem, porque esse era terrível, ficou sendo Vale dos Amores Perdidos e ninguém mais poderia dar um nome tão bonito quanto esse, mas esse acontecimento contarei no momento certo. Não revelarei antes da hora quem foi, só não podia deixá-los pensando que esse nome horroroso que havia dado continuasse.

Estava já com uma rotina, cuidava do Vale, conversava muito com todos, sempre falando na Fé e no Amor. E com isso percebia melhoras em seus espíritos defeituosos, luzes brotavam em seus peitos semelhantes ao do "Nosso Recanto do Amor Divino". Eu me reunia sempre que possível com outras Guardiãs e Guardiões, precisei aprender a "Amar" e tolerar seres como Hagashor e Megahon, transformados em suas piores formas demoníacas, porque também contribuíam, cada um à sua maneira, com o Criador. E com o tempo eles também pararam de me "torturar" com suas "observações maldosas", mas suas piadas e ironias ainda não acabaram e acredito que isso nunca acabará, tendo eu aceitado a maneira como cada um demonstra o "Seu Amor" pelo próximo. Hagashor e Megahon são amores de minha vida; mesmo fazendo o que fazem, como foi obrigado Hagashor a me "punir", o fez por amor a mim, porque merecia tudo aquilo pelo que passei quando desencarnei. Se fosse outro, com certeza teria sofrido muito mais, e Megahon, todos devem saber que não é possível demonstrar o Amor sempre, pois com o seu jeito peçonhento nunca você é levado a sério.

E a vida continuava, e nunca podia imaginar ser atacada por seres demoníacos, famintos de sexo desvirtuado.

Apareceram do nada "monstros" descomunais, mais deformados que os meus protegidos e, sem que eu pudesse ter tempo de pensar, quanto menos de me proteger, já haviam agarrado e sugavam os espíritos que ali se entregaram ao Criador para evoluir. Não tive tempo de protegê-los, porque, se não contei, o Vale era enorme, e vieram do lado oposto ao meu, subjugando as sentinelas de prontidão que foram as primeiras a sofrer. Mas também não demorei a perceber e, em seguida ao ataque, fui aos seus encontros. Quando cheguei, quase eu mesma gritei mediante o horror que presenciava. Esses seres monstruosos, além de desfigurados, possuíam ventosas e, conforme o necessário, se alongavam e penetravam os órgãos sexuais dos coitados ali dominados. Respirei fundo e ordenei:

— Parem já com isso, ou sofrerão as conseqüências. – apenas um parou e, encarando, emitiu um som gutural; consegui entender que aquilo seria nossa conversa, porém traduzirei:

— Ser idiota, esses são nossos alimentos e nada poderá nos deter.

— Ah, não vá pensando assim, porque aqui é minha responsabilidade e nada e ninguém vão tomar o que é meu, pelo simples ato de prazer.

— Será também nosso alimento, ser idiota, porque também o tem deformado e, mesmo que não o tivesse, sugaria a energia da mesma forma.

— É isso o que vamos ver. – Lembrei-me de ter ouvido em uma das reuniões com as Guardiãs sobre vampiros sexuais, que sugam a energia sexual, principalmente a desvirtuada, e que em alguns casos até a Lei permitia, devido ao grande acúmulo e queda nesse sentido. Mas que geralmente se concentravam em níveis mais inferiores e domínios coalhados de espíritos humanos muitas vezes estupradores e violentos, mas ali estavam apenas seres humanos que abusaram de maneira irregular do sexo, inclusive quem fez do aborto uma prática normal em suas vidas. Eu tinha de pensar rápido, caso contrário, perderia o domínio da situação, uma vez que todos os espíritos humanos ali reunidos estavam deixando o pavor tomar conta de seus íntimos e a queda vibracional os faria regredir. Elevei meu pensamento ao Criador:

— Pai Amado, faça de mim um instrumento de Sua vontade e, se tivermos de sofrer tamanha violação, saberei que assim tinha de ser e lutarei novamente para levantar cada um desses seres humanos a mim confiados, leve o tempo que for, pois a eternidade temos e, apoiados em nosso Amor por Ti, nunca cansaremos de continuar lutando pela evolução de nossos espíritos imortais. Agora, se sua vontade for para continuarmos nessa evolução em que já nos encontramos, sem sofrermos tal ataque, eu vos peço, Meu Pai, que me ampare agora. – levantei minha espada sagrada sobre a cabeça com as duas mãos e dela saíram fachos de luz que abrangeram todos aqueles seres demoníacos e, como em um passe de mágica, sumiram aos nossos olhos, deixando-nos livres daqueles tormentos infernais. Para onde eles foram? Poder e mistério do Pai Criador, e isso não tem resposta, só agradecimentos.

— Amado Pai Criador de tudo e de todos, mais uma vez o Senhor atendeu ao meu pedido e, de joelhos, agradeço por nos deixar seguir sua Senda luminosa, sem mais tormentos além dos nossos. E, se rápido e invisível foi o ataque, aprenderei a ser mais atenta e rápida para que não mais seja pega de surpresas, podendo cair e levar junto comigo mais semelhantes. Peço que abençoe esse Vale e nos dê a força e a percepção de como poderemos ser-Lhe útil sempre.

Após amparar quem fora atacado, doando energias salutares, retornei para onde ficava. Era um lugar um pouco menos sombrio, onde duas pedras estavam colocadas de maneira tal que formavam um "trono", e ali eu gostava de me sentar. Mal cheguei a sentar e Jezebel aparece com suas "damas de companhia", como gostava de chamá-las.

— Salve, Ane Marie, vejo que a encontro em boa hora.

— Salve, Jezebel, não tão em boa hora, mas com sua chegada a hora se faz boa.

— Aprendendo a ser política e falsa, quem diria, hein?

— A jornada que levamos sempre nos ensina.

— Está certo, mas deixemos de prosa e vamos ao que interessa.

— Vejo que precisa de minha ajuda, porque, caso contrário, não estaria aqui a me bajular.

— Não seja grossa agora, meu bem. Só preciso de uns favores para ajudar uns encarnados a se livrarem de obsessores sexuais.

— Mas isso poderá fazer sozinha, onde já se viu precisar de minha ajuda em coisa tão simples?

— Não é o que parece, apenas com o seu poder de decantação conseguiremos destruir uma horda de seres negativos atentando em desvirtuar um ritual religioso. E, pelo que sei, você tem interesse em ajudar a não se desfazer um culto à natureza, Deusa do Amor. – Ela estava me cutucando e a hora para isso não era boa.

— Agora parece que todo ataque sexual a rituais é meu dever de combater? Estou vendo que abusar aqui da Guardiã novata vai virar assunto e oportunidade para qualquer outra Guardiã.

— Você é quem sabe, não pediria sua ajuda se o portal das aberrações não fosse aberto.

— E que portal e aberrações são essas?

— O portal foi aberto sem querer por "feiticeiros negros" não cientes do poder que existe nas criaturas grotescas, sugadoras de energias sexuais, boas ou negativas. – Isso começou a me interessar.

— Espere, como são essas criaturas?

— Seres demoníacos sem forma humana com sugadores no final de seus membros atrofiados que se acoplam aos sexos dos espíritos humanos e os sugam até que se esgote toda a energia sexual. A dor é insuportável e o corpo etéreo fica ressequido de fluido vital, porque, se não sabe, a energia sexual se transforma em energia *kundalini,* que equilibra o espírito humano. – Notei que realmente Jezebel tinha razão, eu precisava estar ao seu lado para destruir esses seres monstruosos, porque os mesmos acabaram de me atacar.

— Mas como podem esses seres aparecerem aqui? Estamos perto assim do portal negativo?

— Então quer dizer que já vieram para cá? Isso condiz com o que escutei. – Fez silêncio.

— E o que escutou, Jezebel? Diga logo.

— Que eles não se prendem a um lugar e saem à procura de energia sexual onde quer que seja, até esgotá-la em tudo; acabando aqui no plano espiritual, dirigirem-se para o plano material em massa.

— Jezebel, essas coisas nunca terminam por aqui? Mal se acaba de esgotar e direcionar seres sexualmente desvirtuados, aparece mais sexo negativo?

— Oras, Ane, pense que estamos no paraíso, onde todos são equilibrados, luminosos e confiantes no poder Divino do Criador? Pare com essa choradeira e vamos ao que interessa: guerrear, vencer e tirar lições preciosas com tudo que nos acontece.

— Eu não conseguirei nunca me acostumar com essa maneira de se viver aqui no embaixo. Espere eu organizar umas coisas e logo seguiremos ao encontro desses monstros. Só mais uma coisa: não seremos apenas nós duas a combater essa horda, não é mesmo, Jezebel?

— Que bom que perguntou, porque Hagashor também o enfrentará.

— Devia ter desconfiado, você primeiro faz com que eu aceite só para depois me contar? Ele e eu não nos respeitamos muito.

— Bem, primeiro tinha de fazer você aceitar e, além do mais, você escutou e poderia muito bem ter perguntado quem também estaria lá, antes de aceitar, então a culpa não é minha. Mas fique tranqüila, porque Hagashor será mais um de nós, outros também ajudarão e em batalha nada melhor do que dois espíritos responsáveis e com vontade de ser melhor que o outro.

— Jezebel, chega, ou ficarei por aqui mesmo. Não gosto de ser confrontada, o que Hagashor é mestre em praticar comigo, e não vejo o porquê de mostrar ser melhor, cada um é o que é e pronto.

— Parabéns! Venceu a minha provocação, agora veja se arranja tudo logo e vamos embora, que muitos nos aguardam.

Já havia tempo que preparava os meus auxiliares. Rosa era de minha confiança e estava sempre ao meu lado. Com sua fidelidade, ganhou o meu respeito e estima, tornei-a a responsável pelo Vale, enquanto estivesse ausente. Lógico que não a deixei desamparada ou sem recursos, isso não faria jamais, ficando ela armada e, se fosse necessário, com a telepatia emitir um pedido de socorro e eu reapareceria quase que imediatamente. Já sabia que me arrependeria novamente de ajudar Jezebel, elas (as Guardiãs) nunca chamavam para coisas pequenas, sempre demorada e arriscada era a empreitada e, no final, mais espíritos caídos agregavam-se ao Vale. Mas não podia me queixar, porque quanto mais espíritos eu levasse ao Vale dos assexuados, mais força interior crescia em mim, pois sabia que não poderia decepcionar o Amado Pai Criador por me confiar os seus filhos caídos. Como todas as vezes que seguia para um confronto, olhava para o alto do Altíssimo e clamava ser o instrumento certo para a resolução do problema.

— Senhor meu Amado Pai, abençoe a ação de hoje e que eu possa ser sua serva, o instrumento que conseguirá fazer com que sua Vontade seja feita. Proteja, Senhor meu, todos que estiverem compartilhando sua Vontade de expandir a Luz nas Trevas.

— Pronto, Ane? Ou você quer ser a indelicada de chegar no final da festa?

— Tudo para você é festa? Não entendo o seu sentido real de festa, acho que nunca vou entendê-la.

— As outras festas que você diz para mim são prazeres. Chega de demoras e caminhemos.

Capítulo 23

A Luta do Bem contra o Mal

Chegamos a um lugar da esfera inferior bem escuro, denso, e de longe percebíamos a inquietação de quem ali estava a esperar um milagre para não precisar entrar em batalha com aquelas criaturas nocivas e trevosas; sim, nocivas porque infestavam as energias sexuais mesmo antes de se acoplarem a elas, fazendo com que todos redobrassem a atenção e a guarda, para não ser contagiados com vibrações energéticas tão devastadoras.

Sentia um calafrio por todo o corpo, e outro sentimento diferente porque alguém se aproximava e, pela vibração, não sei como, mas sabia quem era: para a minha alegria e preocupação.

— Minha amada, inunda minha alma com sua presença. – ao que virei, percebi que um cavalheiro de terno branco, o mesmo da festa da Rainha, dirigia-se ao nosso grupo acompanhado de ninguém mais que o meu amado Leon, por isso nem dei atenção para o que ele falava para mim; caso contrário, verdadeira troca de insultos teria travado com aquele espírito abusado.

— Surpresa por trazer Leon? Apenas sinto que não poderão se confraternizar agora, visto que os dois juntos ajudarão a derrotar os seres perversos. – Era engraçado e irritante o modo como falava, sua educação e seu bom trato não desapareceram ante tal quadro de horror que vislumbrávamos.

— Você está linda como sempre. – Leon se aproximou e acariciou meu rosto – Tenho esperanças de poder abraçá-la mais tarde, minha amada.

— Sim, quem sabe mais tarde, agora deixem de conversas e prestemos atenção. – Jezebel apontou para a direção onde estava uma concentração de Guardiãs e, entre elas, a Rainha. Como foi bom revê-la, mesmo em situação de conflitos, como se houvesse outras formas de nos encontrarmos.

— A situação realmente é feia. Até a Rainha está envolvida.

— Ane e Leon, que a nossa união nesse momento seja iluminada para podermos vencer. – Como era linda e generosa, sempre incentivando e apoiando para a vitória.

— Vejo que estamos em numeroso grupo e que possamos, com o auxílio da Luz, devolver essas criaturas para a sua dimensão e capturar os envolvidos com a sua libertação.

— Não será fácil, pois o poder de captação de energias é natural e muito forte, deixando-nos atordoados só de chegar perto.

— Podemos conseguir, se unidos usarmos nossos poderes em favor da nossa conquista, em vez de um só tentar. Juntando os pares certos, diluiremos as barreiras que nos proíbem de chegarmos sem sermos afetados com energia sexual desvirtuada.

— Porém não será fácil, uma vez que teremos de primeiro acabar com as energias sem afetar os seres, pois eles só fazem o que estão acostumados. – A Rainha, com sua bondade, sempre pensava em não ferir sequer uma criatura criada pelo nosso Criador, mesmo sendo ela desprezível como estas.

— Hunf, hunf, !!! Pode deixar que essa energia não me afeta, ao contrário, quanto mais energias negativas, mais vontade de derrotá-los eu tenho – esganiçava Hagashor, que com o seu poder mental não se deixava atordoar, e sempre com aquela cara de mau, sem sequer um risinho de desfeita.

— Há, há, há!!! Pensa que vai sozinho nessa? Deixa um pouco para a cobra aqui. – quem surgiu do nada para auxiliar? Era ele mesmo: Megahon. Agora tudo se completava, as Guardiãs, as Guerreiras, Guardiões que vinham de longe e os dois Guardiões mais asquerosos que já vi.

— Vejo que a Guardiã do Amor atrapalhado sente a nossa falta! – Megahon não conseguia parar de me incomodar.

— Não quero conversas com você, já temos problemas demais sem as suas piadinhas de mau gosto. – Já era eu a retrucar.

— Por favor, Ane, Megahon e Hagashor, sei que vocês ainda têm uma discórdia pessoal, mas terão de esperar para outra oportunidade.

— Desculpe, Rainha, mas é que eles conseguem me deixar aturdida.

— Minha amada, quando aprenderá que os dois continuarão a provocá-la até que aceite o que houve com vocês? – Leon segurou em minha mão e nos dirigimos até um local mais propício para averiguarmos as condições do embate.

— Não será fácil, pois são muitos, não sei se com a minha espada poderei acabar com todos eles de uma vez como fiz no Vale dos Assexuados.

— Ane, não queremos acabar com eles, pois também não adiantaria, porque viriam mais para a nossa dimensão, precisamos unir as forças, e, além de devolvê-los, precisamos fechar esse portal que foi aberto no lado material. – Era a Rainha me explicando antes de cometer novamente uma besteira, o que para eles (Guardiões) já era normal e esperado.

— Ane, precisamos ir até o lado material e desligar os cordões que ligam as criaturas com os seres humanos, que tolos, abriram um portal para o inferno deles mesmos. – Leon segurou a minha mão e juntos volitamos até uma cachoeira infestada de seres trevosos. Do lado espiritual, víamos apenas escuridão e o estrago que um culto ocasionou aquele lugar de harmonia.

— Caramba, Leon, por que sempre sobra o pior para nós? Ter de estar aqui para fecharmos esse portal? Eles não nos escutarão, como faremos?

— Escutarão sim, minha querida. É só aguardar o momento certo.

— Mas que momento, ficaremos a eternidade toda ou vamos esperar eles desencarnarem?

— Não acontecerá isso. Eles estão fazendo um culto para as forças trevosas e não esperam que o sacerdote deles incorpore uma deusa do amor.

— Espera um pouco, essa deusa por acaso não sou eu, ou sou?

— Como é bom quando adivinha as coisas.

— Não, isso eu não posso fazer. Ainda não me esqueci do que fiz da última vez que brinquei de deusa.

— Eu sei, Ane, que é difícil para você, mas será só assim que o novo culto começará a ter formas mais divinas do que trevosas.

— Está certo, Leon, mas não direi que sou uma deusa, pois deusas não devem aparecer em rituais, precisamos sim que eu apareça como uma Guardiã severa e justa, amorosa e autoritária ao mesmo tempo, não concorda?

— Sim, com certeza está certa, pois na verdade é isso o que é, uma Guardiã que atua ao lado esquerdo do Pai Maior.

— Leon, ficarei sozinha nessa hora? O que você fará?

— Ficarei ao seu lado, paralisando esses seres trevosos para que você possa falar por meio da encarnada que está presa, podendo assim desacreditar o chefe.

— Sabe, não estou gostando nada disso, mas, se for para o bem da nova religião, farei com todo o meu Amor para acabarmos de vez por todas com esses cultos sangrentos. – Tomei coragem no momento em que percebi que traziam uma linda jovem para servir de "oferenda" viva aos deuses poderosos, e isso me irritava muito, ninguém de Lei exigia a destruição de um ser encarnado seguindo sua missão na crosta terrestre. Fiquei realmente furiosa quando identifiquei que, antes de ser sacrificada, já havia encarnados encenando estarem possuídos para, literalmente, possuí-la.

Leon notou o meu enfurecimento e, antes que pedisse, com seu poder mental abriu caminho até o encarnado que se auto-intitulava "senhor da vida" e, como em um passe energético, paralisou o seu mental, permitindo que ele agisse conforme nossa intenção; de fazer a jovem incorporar a mim e ele não passar de um servidor.

Quando Leon paralisou o líder, fez com que ele pronunciasse algumas palavras impronunciáveis e se dirigisse à jovem, e ele mesmo a desamarrou. Todos estavam perplexos com a reação do "senhor da vida", que estava com olhos arregalados, boca espumando e contrariado com aqueles que a atormentavam.

Foi a minha vez de agir; assim que foi desamarrada, eu sutilmente me instalei em seu corpo externo, podendo dessa maneira falar pela sua boca. Era uma linda moça que não tinha chegado ainda aos seus 20 anos, virgem, de corpo sedutor, olhos azuis cor do mar, que fora raptada e lançada à sua própria sorte, quando acompanhava os pais a uma viagem em nação distante.

Os homens não acreditavam no que seus olhos presenciavam: a segurança que demonstrava tão frágil menina, autoridade em seu olhar, severidade em sua voz, ao mesmo tempo era amável, mas justa. Ela se ergueu e com firmeza na voz se dirigiu a todos aqueles homens hostis e selvagens.

Logo após o líder soltar a pequena jovem, caiu sobre o solo desfalecido, Leon o deixara sem machucá-lo e voltou a fazer a proteção sobre a encarnada e o espírito: a jovem e eu. Nesse momento em que o encarnado a soltou, ela se levantou e de postura reta começou a falar por sua boca, a todos assustados, o que eu queria:

— Agora percebem o quanto estão desagradando o verdadeiro Deus? O pai Incriado que a tudo e a todos fez? Como podem imaginar que sacrificando inocentes serão indestrutíveis? Acreditam que o sangue puro não os faz ser os mais impuros e pecadores existentes? Será que essa pequena mostra não é o suficiente? Até quando usarão de matanças para agradarem as Divindades? – Já estavam todos curvados, com as cabeças ao solo, atemorizados porque até então não sabiam o que lhes aconteceria, o que fariam se o seu chefe estava largado ao solo, inanimado, e uma pequena criança falava como uma deusa.

— Não pensem vocês que sou uma deusa, pois uma deusa não viria a ter com pessoas repugnantes que não aceitam o Amor em vez de sacrifícios humanos. O que vocês estão fazendo é deixar os deuses, divindades celestiais, entristecidos e virados de costas para os atos bestiais que andam praticando.

— Salve, senhora do Amor à Vida, salve toda-poderosa, como poderemos desfazer o que aprendemos, se sempre nos transmitiram que estávamos corretos? – Era um rapaz novo, mas bastante amadurecido, que se pôs à frente e ousou falar.

— Jovem, vejo que não tem medo de me questionar, como também percebi que ainda há uma centelha boa em seu íntimo; então se aproxime e preste muita atenção no que vou dizer. – O rapaz se aproximou e não só ele, como todos, ouviram o que eu tinha a dizer:

— Ordeno que parem com esses cultos sangrentos, não haverá mais sacrifícios humanos ou de animais, não quero que se derrube mais nenhuma gota de sangue para nenhuma divindade, muito menos para o Criador. Se seguirem os meus ensinamentos, terão uma vida mais esperançosa, com mais prosperidade e menos doenças, mas para isso preciso que limpem o que sujaram, tirando esse altar sujo de sangue inocente. Lavem toda essa parte da cachoeira com a sua própria água e pétalas de flores perfumadas, vocês se reunirão uma vez por mês neste local trazendo flores, frutas e bebidas doces para oferendar às divindades, deixando sempre este lugar imaculado de atos profanos. Se assim procederem, assim poderão consultar a mim, Guardiã do Amor, e começarei a ensinar-lhes como reverenciar a natureza para conseguirem ser perdoados por seus atos insanos perante o Divino Criador. – Todos ouviam atentamente e o jovem rapaz, pedindo a palavra, mostrava o antigo líder caído.

— Senhora, estamos arrependidos do que fizemos, mas não sabemos como será daqui para a frente sem um líder que nos possa conduzir em nossa aldeia.

— Vejo sua preocupação, mas já era hora de terem novo líder; quanto a esse homem, tragam água para ele beber – nessa hora Leon foi diminuindo seu poder mental e o antigo "senhor da vida" foi voltando à consciência. – Prestem muita atenção: vocês viram o que acontece com quem brinca de "senhor da vida", acaba ficando sem vida, mas, para que não digam que não sou benevolente, voltará a viver e será um dos aparelhos que também receberá com o tempo espíritos que os guiarão para a Luz do Criador, mas nunca mais sentirá o desejo de se transformar novamente em "senhor das pessoas", está bem? – Entendido com certeza o pajé tinha, e muito bem entendido, depois de voltar de uma viagem ao mundo dos mortos, mal sabia ele que apenas estava em estado letárgico e que, para morrer, ainda levaria um bom tempo para que seu cordão da vida fosse desligado.

— Você, jovem, agora assuma a liderança dos adultos nos cultos à natureza. – Esse jovem era um grande médium que só faltava desabrochar para a vida espiritual. – Será você o primeiro a oferendar nos dias de nosso encontro, e quando o fizer eu já estarei aqui os vigiando e velando ao mesmo tempo. E só mais uma coisa: após a minha retirada, não quero que molestem esta jovem que está me servindo, quero que a deixem ir embora, caso essa seja sua vontade.

— Como a senhora desejar, faremos tudo o que pediu e estaremos aqui novamente dentro de um mês no aguardo de sua ajuda.

— Boa noite a todos. – dito isso, afastei-me da jovem que foi aos poucos voltando a si e, emocionada, chorava a alegria de poder estar viva e livre.

— Ane, querida, você está bem? – Leon me abraçava para que eu não caísse, não me lembrava mais quanta energia despendia em uma incorporação. – Estou orgulhoso de você.

— Não acredito, Leon, que foi fácil, não precisei curar, enriquecer ou unir ninguém para que eles aceitassem parar com esses rituais.

— Acredite, você fez, minha amada. Enquanto falava irradiava de você, e de forma que os encarnados percebessem, uma luz irradiante, um perfume pairava e a água da cachoeira parecia cantar em sua queda, e tudo isso foi na hora em que o seu "boa noite" sumiu no ar junto com você.

— Eu não imaginava que isso pudesse acontecer.

— Sim, isso acontece com a força da Fé e do Amor que em você estão latentes. – O meu amado apertou as minhas mãos e com sua voz suave falou ao meu ouvido. – Agora Vamos ao encontro de nossos amigos para resolver o que está pendente. – volitamos novamente ao encontro dos outros Guardiões que já haviam conseguido paralisar as vibrações negativas e, com o culto finalizado para sempre, fechar o portal dessa dimensão que não pertencia ao nosso planeta.

— Ficamos contentes em vê-los retornando, isso nos diz que já acabaram com o culto? – Jezebel parecia apreensiva.

— Sim, Jezebel, e com o fim do culto, a jovem não foi sacrificada, evitamos mais sangue inocente derramado e ainda conseguimos desligar o cordão negro que estava ligado ao "líder" que agora só passa de servidor.

— Você desligou o cordão sem ferir os encarnados? Está realmente evoluindo, há, há!!!!! – Megahon estava ralhando comigo de novo.

— Megahon está certo, não posso negar, quem desligou os fios foi Leon enquanto eu falava aos encarnados, então pode ralhar à vontade.

— Eu sabia que não faria isso, você gosta apenas de brincar de deusa, não é mesmo? Deusa do amor banal. – Hagashor apareceu do nada.

— Leon, acalme a Ane, caso contrário teremos de apartar essa briga que já dura milênios. – Era Riana sorrindo para mim. – Quanto a você, Ane, venha comigo que precisaremos unir nossas forças.

— O que aconteceu enquanto estava fora? – Precisava saber o que ainda teria por vir.

— Ane, a Rainha conseguiu enfraquecer a muralha de energias negativas, agora ela quer que tentemos com as nossas espadas unidas levar de volta para a dimensão a que pertencem para fechá-la.

— Será muito difícil, caso contrário não estariam todas tão apreensivas, podemos nos machucar e não acontecer o que esperamos. – Estavam todas apreensivas, todos desempenhavam suas funções.

Capítulo 24

Aprendendo com a Rainha

Em toda parte um Guardião utilizava seu poder mental para bloquear as energias sugadoras sexuais. Usavam seus poderes para enfraquecer os seres da outra dimensão sem ocasionar ferimentos ou até mesmo acabar com sua existência.

A Rainha estava tão concentrada em localizar a fonte geradora das criaturas que quem olhasse a veria paralisada, inerte a tudo e a todos à sua volta. Como eu a admirava. Ela conseguia não se abalar diante de problemas muitas vezes sem solução, mas a sua Fé e o seu Amor pelo Criador eram enormes, nunca a vi duvidosa desses dois sentimentos nobres, podia ser o que fosse a Rainha não se deixava abater, e isso aprendi com ela, eu e muitas outras guardiãs.

Eu me lembrei de que todas nós, unindo nossas espadas, ocasionaríamos um choque violento, porque os Guardiões também estavam usando muitas energias invasivas, tentando dominar o avanço das criaturas sugadoras. Pedi que esperassem mais um pouco antes de pulverizarmos aqueles seres. Não fui muito bem entendida.

Leon chegou perto e mentalmente perguntou o que estaria eu planejando.

— Ane, diga por favor o que está pretendendo fazer, antes que isso tudo aqui exploda de tanta energia em contraste.

— Leon, a Rainha está quase localizando o mental pulsante dessa dimensão, eu estou acompanhando sua procura e consigo ver que, se fizermos o que todos querem, esgotaremos esse mental e poderemos com certeza extinguir uma dimensão inteira que o Criador Amado gerou, pois se assim o fez é porque tem alguma serventia a Ele.

— Nisso você tem razão. O que precisa para ajudar a Rainha?

— Preciso que nos sustente para seguirmos mais adiante, enquanto os outros os imobilizam para não esgotarem mais ninguém. – jaziam ao solo vários escravos, tanto de Guardiões como de Guardiãs e Guerreiras que foram sugados para o núcleo das criaturas sugadoras. Como Leon era mais diplomático do que eu, pediu a todos que se esforçassem em defender para que elas não se expandissem mais.

— Ane, o que faz aqui? – mentalmente a Rainha me viu ao seu lado, – Como conseguiu chegar até esse ponto? É perigoso demais para que permita estar aqui.

— Minha Rainha, não se preocupe comigo, porque, se aqui cheguei, tenho certeza de que poderei ajudá-la com minhas poucas forças.

— Então que assim seja, mas fique atenta, o caminho parece fácil, coisa que não é, pois prevejo que estaremos em perigo iminente. – Dito isso, entramos em um corredor e o vácuo tomava conta de tudo. De repente, tudo mudou, do nada entramos no meio de um furacão onde tudo girava. Quando dei por mim, já não era apenas a visão que chegara ali, mas eu em espírito junto com a Rainha estávamos no interior daquela dimensão, diante de uma enorme massa grudenta, úmida e quente. Aquilo pulsava fortemente e seu odor era repugnante.

— Rainha, o que faremos agora?

— Agora vamos ajudar esse ser vivo para logo após restaurarmos essa fenda e tudo voltar ao normal.

— Ajudaremos como? Não vejo o que fazer.

— Preste mais atenção, Ane, e verá que essa criatura sofreu muitas alterações com a interferência dos seres humanos.

— Ajude-me a encontrar, não vejo nada anormal.

— Não veja com os seus olhos, observe e deixe o seu coração intuí-la sobre a maldade feita sobre ela.

— Como ver com o coração? Não consigo entender. – Eu ainda não estava tão habituada como a Rainha a "olhar com o coração", ou seja, usar a minha percepção tal como quando usava para seguir a visão de coisas que os outros não viam.

— Veja como é fácil: por instantes, feche os olhos e deixe seu coração falar. Nessas horas sempre somos guiadas pelo Altíssimo quando nos dispomos a nos despir dos preconceitos e discriminação, nisso elevando o Amor Incondicional a todos.

Eu fiz como a Rainha ordenou e percebi como estava realmente maltratado o pobre ser, que, por mais estranho que pareça, era inocente em tudo isso. Senti muita compaixão porque realmente percebi que mudanças ocorreram:

— Rainha, agora vejo, mesmo com os olhos fechados, sinto com tristeza as transformações que ocorreram com esse nosso irmão perante o Criador.

— Agora você entende por que não queria destruí-lo?

— Sim, você sempre está à frente, eu teria estourado tudo pela minha imprudência.

— Mas poderá ajudar a transmutar o que o lado material dos seres vivos fez aqui deste lado, certo? – eu falei que o odor era repugnante, como tudo ali, mas é porque estava ferida. O culto negativo fez uma fenda na nossa irmã criatura e o sangue utilizado pelos encarnados impregnou-se em seu corpo e, conforme o sangue no lado material apodrecia, acontecia o mesmo deste lado espiritual. Eu não sei como, mas sentia a sua dor, a tristeza de se ver impotente em relação àquilo tudo, em não poder segurar suas pequenas crias que se acostumaram com a energia sexual e estavam à solta para esgotarem quem quer que fosse.

— Ane? Não se disperse, por favor! Juntas reverteremos isso tudo que foi negativado, minha querida. Basta unirmos nossa sabedoria e habilidades que nossos mistérios nos ajudarão no restante.

— Ah, minha Rainha, sabedoria eu não tenho muita, mal sei usar o meu mistério, mas pode ter certeza de que aprendi com suas lições, observando-a a usar e confiar no meu Amor pelo Pai Incriado e por tudo o que Ele criou.

— Então chega de conversa e vamos ao que interessa. Minha irmã, filha também do meu Amado Pai Criador, peço desculpas pelo que lhe fizeram; infelizmente nem todos os filhos do Pai Maior sabem reconhecer-se fruto do mesmo Amor do qual tudo e todos foram criados. Entendo que sua dor é enorme, pois tudo foi alterado pela cobiça e ignorância dos seres humanos encarnados, mas faremos de tudo para corrigir essa agressão, só saindo do seu lado quando tudo estiver resolvido. – a Rainha falava e me colocava também ali, de forma que estaria presa a essa realidade caso não resolvêssemos o problema, estava quase a protestar quando ela adiantou-se:

— Ane, agora não adianta reclamar e muito menos negar sua ajuda, não fui eu quem a chamou, muito menos pedi para que me seguisse, então agora assuma a responsabilidade de resolver a questão que você seguiu em sua visão reta da vida.

— Está certo, não reclamarei, seguirei todas as suas ordens, minha Rainha. – não adiantava mesmo reclamar, só conseguiria abaixar a minha percepção e isso não daria em nada.

— Ane, primeiro teremos de curar nossa irmã para que ela possa novamente controlar a sua volta e curando-a, automaticamente os seus filhos serão curados.

— Ainda bem que isso funciona desse jeito.

— Por que diz isso?

— Imaginou se tivéssemos de limpar todos? Aí sim ficaríamos a eternidade toda aqui.

— Por que fui perguntar? Realmente quando tudo isso estiver passado, conversaremos muito sobre alguns mistérios, está bem? Agora use sua espada sagrada, mas a use em sua mão esquerda para que decante todo esse sangue. Não tenha medo, será uma vibração muito forte, mas sustente-a o tempo que for preciso.

— E você, o que fará?

— Eu irei ajudá-la na limpeza e ao mesmo tempo tentar reverter essa polaridade. – só sei que segurei com toda a força a minha espada, pois ela vibrava tanto que até fiquei com medo que acontecesse algo mais dramático. A Rainha, além de usar sua espada sagrada que segurava com a mão esquerda, em sua mão direita surgiu um cetro que irradiava luzes que ao mesmo tempo que eram multicoloridas, também brilhavam como se estivessem carregadas de purpurina. Nesse instante entendi que da Rainha poderia esperar tudo, sempre aparecia com um poder maior que de mistérios tudo tinha e em sua humildade ninguém ficava sabendo quem realmente ela era. Do cetro, as luzes irradiantes regeneravam todo o corpo daquela criatura e se expandiam aos milhares de cordões que saíam de seu corpo, alcançando assim todo o resto de seus filhos-criaturas.

Estava me esquecendo de mencionar, isso sempre acontece toda vez que lembro disso por causa da rápida regeneração com as cores brilhantes que a espada da Rainha sustentava: a limpeza que a minha fazia era mais ou menos assim, como segurei com a mão esquerda a espada: ela teve um poder de decantação que ganhei da Senhora Nanã Buruquê onde decantava toda a impureza do sangue, absorvendo para dentro da lâmina, e a espada da Rainha terminava a limpeza de outras impurezas humanas impregnadas. Não preciso relatar que quase tive um surto de histeria quando deparei a espada absorvendo todo o sangue, não é mesmo? Mas quem tem uma mãe como a Rainha ao lado não deve temer nada.

— Ane, não se desespere; esse é um dos mistérios de sua espada quando usada com a mão esquerda.

— Se soubesse a usaria na mão direita, só para não precisar absorver tudo isso, acredito que nunca mais a usarei nessa mão (claro que usei e ainda uso muito com a minha esquerda).

— Não diga besteira. Como eu, você tem o direito de usá-la nas duas mãos, mas cada mão tem o seu mistério. Quando todo o sangue acabar, inverta as mãos e verá o que acontece.

— Mas não é proibido usarmos a espada na mão direita?

— Quando você a achou, com que mão você a pegou?

— Com a direita, isso me lembro bem, pois na última encarnação fui destra e continuei assim.

— Se o mistério de sua espada fosse apenas o absorvedor, ao segurá-la com a mão direita você seria virada em pó.

— Mas não fale uma coisa dessa, porque acabou de absorver todo o sangue e mudarei de mão. Quero dizer-lhe que foi muito bom conhecê-la – estava apavorada, mesmo com todas as explicações dadas; havia escutado que muitos Guardiões só usam a espada na mão esquerda e talvez nunca mais fosse escutar nada, pois seria reduzida a pó. Com um pouco de hesitação quanto ao uso na mão direita, inverti a sua polaridade e qual foi a minha surpresa? A energia que saía da espada dava novo pulsar à criatura que havia sido limpa, curada e regenerada com os mistérios da Rainha e os da minha espada. Estava emocionada e, ao olhar para a Rainha que já estava sem o cetro e de espada embainhada, fiz o mesmo guardando a minha.

— Rainha, veja que beleza – ela já estava deslumbrando tal magnitude, formosidade, divinidade; ao se equilibrar por completo a criatura-mãe, de cor rubra passou à cor rosada, de vibrar ódio e raiva já estava vibrando Amor, disciplina, autoridade; com o retorno ordenado de seus filhos todos rosados, equilibrados, sem nenhum resquício do retrato anterior.

Entendíamos perfeitamente que ali a Mão do Divino Criador foi intercessora na cura e resolução daquele infortúnio. A criatura-mãe tinha um pulsar harmonioso, seguro e de certa forma muito amoroso, apesar de não termos conseguido manter nenhum nível de conversação, apenas o entendimento de nossas ações e sentimentos.

Quando dei por mim, estava transbordando lágrimas. Não sei ao certo muito o que tivemos de realizar nem o tempo em que estivemos nessa dimensão, apenas quando tudo terminou olhei para a Rainha e percebi que de seus olhos vertiam lágrimas douradas que inundavam o solo, deixando-o também com uma cor dourada líquida, misturando-se ao solo rosado.

É muito difícil às vezes relatar o que de divino acontece porque só quem o presencia sabe o que aconteceu e quem escuta acredita se quiser, mas, sem esperarmos, aquelas criaturas que agora eram adoráveis estavam ao nosso redor acariciando nossos corpos com muita sutileza, pareciam veludo sendo tocado em nossa pele. O contato ficou tão acolhedor que não sabíamos se queríamos voltar ou permanecer em um lugar tão desejável.

Como me sentia bem, até havia esquecido de que precisava voltar, porque realmente era muito envolvente, acolhedor, e não saberia como dizer adeus, mas ainda bem que acompanhei a Rainha e ela sabia fazer isso sem ofender ninguém. Acredito que, no fundo, ela conseguia se comunicar com aqueles seres, bastava olhar sua feição e o jeito que eles a tocavam. Havia sintonia de vibrações entre elas, enquanto comigo, apenas trocas de energias agradecidas.

Como disse, a Rainha sabe se despedir sem se embaraçar ou ofender alguém. Olhando-me sorrindo, ela mostrou-me como despedir-me também.

— Ane, fique certa de que fez amigos para o sempre. Nunca mais a esquecerão e, quando precisar, eles, se procurados por você, farão tudo o que puderem para honrá-la.

— Honrar-me? Como assim?

— A honra que você merece por ter se disposto a ajudá-los em vez de extingui-los.

— Mas eu só fiz o que o meu coração dizia que era para ser feito, e além do mais segui os caminhos que nosso Pai Criador Amado me indicou...

— Por isso mesmo, Ane, você não se deixou iludir, não se desvirtuou e seguiu sua intuição e seu Amor pelo próximo.

— Rainha, está creditando a mim coisas que fiz por serem certas, apenas segui as suas ordens, nada a mais – ficaríamos naquela troca de gentilezas sem percebermos que a criatura-mãe se expandiu em pura luz cristalina. Um clarão que momentaneamente nos cegava, quando nossos olhos se acostumaram, enxergamos uma linda mulher; com perdão da palavra, era divina e exuberante, uma verdadeira fada encantada se apresentava a nós.

Ela se aproximou e sem dizer palavra alguma nos abraçou, enlaçando seus braços carinhosos em nossos corpos humanos. Ela se transformara em belíssimo ser humano para retribuir a ajuda recebida. Foi um momento acolhedor em que fechei meus olhos para guardar em meu coração, no meu eu mais íntimo, tal magnitude presenciada naquela realidade. Só sei que quando abri meus olhos já estava novamente no local de partida e, para o meu azar, quem estava lá para me trazer de volta à mesma vida de antes? Era para se imaginar que Hagashor e Megahon presenciariam o meu retorno em total transe de agradecimento? Pois é, não tive nenhuma sorte, o prazer daqueles dois era me fazer de boba na frente dos outros.

— A moça continua sendo a "bela adormecida"?

— Será que podemos nos beneficiar, já que está desatenta?

— Epa!!!! Esperem um pouco. Acaso vocês não têm nada para fazer? – já fui logo falando, impondo algum respeito, já que esses dois Guardiões eram difíceis de levar a sério.

— Acabo de saber que todos estão bem e todas as criaturas voltaram para a sua morada. – era a Rainha novamente a liderar o grupo.

— Bem, minha Rainha – era aquele homem de terno branco –, já que tudo está resolvido, voltarei para os meus afazeres.

— Já vai tarde, não o vi fazendo nada aqui mesmo. – era eu, Ane Marie, falando entre os dentes e, infelizmente, fui ouvida por Leon e alguns outros.

— Ane, não fale dessa forma, nosso irmão Emanuel nos beneficiou muito com seus poderes magísticos, sustentando a tela magnética; ou acredita que só nossas espadas faziam isso?

— Mas não o vi fazendo nada mesmo, apenas espionando os outros. – Leon me puxou de lado:

— Ane, por favor, Emanuel é um grande espírito pertencente ao Grande Círculo Luminoso, por isso é o único que usa branco aqui e o mantém, e se parece que não fez nada é porque você ainda não observa as pessoas de que não gosta muito como deveria.

— Leon, é que esse Emanuel me aparece sempre querendo algo a mais de mim, e não suporto isso.

— Percebo sim, Ane, tanto percebo que está sobrecarregada energeticamente e não tem feito nada para se aliviar.

— Eu não consigo, só penso que o estarei traindo, magoando a quem amo tanto.

— Tudo bem, falaremos sobre isso mais tarde, está bem?

Capítulo 25

Ganhando Mistério de Pai Obaluaiê

Estávamos voltando ao grupo, o espírito Emanuel já de saída ainda se vira para mim e acena com olhar de quem esconde alguma coisa.

— Vejo que tudo está no seu normal. – a Rainha sempre tomava a liderança, e sempre tinha algo a falar. – Peço que fiquem atentos para que isso não ocorra dessa forma alarmante. Ane ficará responsável em responder aos pedidos daquela tribo para que possam evoluir em sua forma de cultuar a natureza. Aja sempre com autoridade, não será preciso usar da severidade, se for firme e amorosa em suas ordens e atitudes. E a todos os meus irmãos agradeço a ajuda e o empenho em salvarmos as criaturas e pelo nosso objetivo de protegermos a nova religião que está para nascer. – muitos Guardiões já estavam indo embora quando, sem esperarmos, uma luz seguida de um vácuo nos remeteu, de joelhos, à frente de um Senhor poderoso. Como cheguei fiquei, só encostando minha testa ao solo ao perceber que estava diante de um Pai Orixá, só não sabia quem era, nem coragem de perguntar mentalmente eu tive (lembrei-me do encontro que tivera com a Senhora Nanã Buruquê) e estava apavorada, o que havia feito de errado agora? Só que dessa vez também estavam a Rainha, Leon, Hagashor, Megahon e Lilybel, nós tínhamos sido sugados do meio de todos os Guardiões e Guerreiras ali restantes; a única coisa que conseguia pensar era que o fim da minha existência havia chegado.

— Meus filhos e filhas, não fiquem temerosos, então quando Obaluaiê os chama é para puni-los, apenas?

— Desculpe, meu Amado Pai, é que não esperávamos que a todos nós chamasse de uma única vez, estamos sempre com a sensação de que algo de errado fizemos e... – Lylibel sussurrou e a Rainha completou.

— Amado Pai Obaluaiê, agrada-nos muito e nos engrandece o seu Amor por nós e por estarmos todos juntos à sua frente, Senhor meu.

— Filhos, eu os trouxe aqui porque de agora em diante também servirão a mim como servirão aos interesses da evolução da religião que está para nascer. Vocês me servirão em beneficio dessa religião. Portarão os mistérios da passagem, visto que Hagashor, Lylibel e a Rainha já carregam em seus íntimos o meu mistério, mas de agora em diante terão responsabilidades dobrada, exigirei mais de vocês e auxiliarão seus irmãos quando solicitados. Os outros também carregarão os meus mistérios e todos estarão assentados á minha esquerda, pois todos nessa nova religião atuarão à esquerda do Amado Criador, e que cada um se assente e tome seu lugar. – assentamo-nos à sua esquerda, e cada um recebeu todo o mistério em poucos segundos, da mesma forma de quando recebi os mistérios da decantação. Até hoje todos temos o nosso lugar ao lado do Amado Pai Obaluaiê, o Pai da Passagem.

— Ane, agora você possui os mistérios da Evolução: o mistério da decantação recebido pela Mãe Nanã Buruquê e o meu, estando completa nesse mistério terá muito o que fazer, muitos a quem socorrer ou punir. Utilize com sabedoria e imparcialidade, que aos nossos olhos será sempre nossa filha amada. Agora voltem às suas caminhadas e honrem seus destinos. – e para cada um de nós falou em particular, e como foi em sigilo de mistério nada vou relatar.

Dito isso, instantaneamente estávamos de volta àquele lugar da esfera inferior. Todos emocionados e agradecidos pelo afeto de nosso Pai da Evolução que a cada um de nós presenteou com uma capa que imediatamente todos, menos eu, é claro, absorveram em si.

— Ane, absorva sua capa, querida; não é para ser vista o tempo todo, você só a usará quando necessário; e esse presente Divino por si só vai entendê-lo, mesmo que não precise recorrer de seu mistério sempre.

— Como é maravilhoso sentir o Amor de um Pai Orixá, já estava imaginando o meu fim, porque, da outra vez, a Mãe Orixá só faltou me decantar em pó. Vocês não imaginam como estou aliviada.

— Não deveria.... rainha das atrapalhações.

— Deixe para lá, Hagashor, ela nunca tomará jeito mesmo, e é por isso que acaba sempre ao nosso lado. – Megahon sibilava em vez de falar, como eram irritantes esses dois: um que falava como cobra e o outro que nunca ria, nem espasmos musculares tinha.

— Tenho certeza de que por muito tempo não vou encontrá-los, algo de bom há de acontecer aqui.

— Vá sonhando... os dois lançaram um olhar desafiador e sumiram no espaço.

— Bem, Rainha, acho que está na hora de cada uma de nós seguir seu caminho, estarei em meus domínios. – Lylibel também se foi com um aceno de cabeça.

— Todos já foram, Ane, agradeço seu auxílio. Leon, faça com que ela se alivie energeticamente. – a Rainha nos abraçou e também seguiu seu caminho.

— Agora somos só nós dois, Ane, está na hora de conversarmos.

— Leon, meu amado, há quanto tempo estamos longe, sinto tanto a sua falta.

— Minha querida, já conversamos sobre isso e aceitamos que teremos de ficar afastados para a nossa evolução na Seara do Divino Criador.

Nada é fácil, mas se o nosso Amor pelo Amado Pai for maior, então posso garantir que o nosso Amor jamais perecerá.

— Como é difícil, Leon, há muitas coisas que ainda não consigo entender. Sei que estou sobrecarregada energeticamente, porém não sei como fazer para me aliviar.

— Meu Amor, eu também me sobrecarrego e faço aliviar da maneira mais natural.

— Leon, não me diga que você também recorre a esses métodos.

— Claro, Ane Marie, senão de que outra forma seria?

— Mas a Rainha o aliviava sem precisar....

— Isso quem fazia era a Rainha contra a vontade, porque eu estava muito ligado a você, sentia culpa, remorso pelo que aconteceu; só que precisamos entender que nos planos inferiores a troca de energias é vital para nosso equilíbrio.

— Isso é loucura, como entender?

— Simples, Ane: nada do que fazemos aqui é promiscuidade como era em sua última encarnação. Você já reparou que mexemos demasiadamente com energias sexuais?

— Sim, é verdade; agora mesmo tudo era influenciado pela energia desvirtuada do sexo.

— Correto, nisso o nosso chacra *kundalini* absorve a energia negativa e ao mesmo tempo irradia a energia salutar.

— Nunca prestei atenção que isso ocorresse.

— Muitos espíritos não observam essa troca em que usamos a energia que mais desequilibra o corpo etérico. Da mesma maneira em que punimos seres humanos com energias pesadas, não conseguimos deixar de absorver sequer um milímetro dela, parecendo uma quantidade pequena, mas comparada ao que enfrentamos dá para imaginar como nos sobrecarrega.

— Não ficamos livres nunca dessa energia sexual que, para muitos como eu, os deixou cair no fundo do poço, Leon?

— Ane, a energia *kundalini* é vital para o espírito humano, ele encarnado ou não, por estar localizado na base do cócix; quando movimentado corretamente, ou seja, quando não desvirtuado, usado de forma correta e sem exageros, o seu movimento sinuoso alimenta todo o resto do corpo, seja encarnado ou espiritual.

— Quanta coisa preciso aprender, e olhe que está acumulando responsabilidades e acabarei me indispondo com esses Pais Orixás que me honraram com seus mistérios.

— Fique tranqüila, você está fazendo tudo corretamente.

— É porque não viu o semblante da Senhora Nanã Buruquê quando sobrecarreguei a todos no Vale dos Assexuados.

— Você foi apressada e inconseqüente naquele episódio, tenho certeza de que pensará antes de realizar qualquer outra empreitada.

— Disso não tenha dúvidas, quero me desculpar com a Senhora Nanã Buruquê e lhe servir como serva, tentando me redimir dos meus erros.

— Tenho certeza de que Ela sabe e confia que você será uma de suas melhores Guardiãs.

— Leon, não me faça errar novamente. Com suas palavras amorosas pensarei que estou fazendo o certo e não me esforçarei para agir de maneira coerente e sábia.

— É assim que gosto de ouvir a minha pequena Ane Marie: otimista, humilde e sábia em suas palavras.

— Está tudo correto, Leon, mas acredito que está na hora de aliviarmos essa nossa energia sexual negativada e transmutá-la para uma energia *kundalini* equilibrada e positiva. – não precisei falar mais nada.

Leon me abraçou e comigo em seus braços volitou a um lindo penhasco onde o céu azul estrelado era a testemunha do nosso Amor infinito, da nossa troca de energias.

Como eu disse uma vez, não contarei como fizemos a nossa troca de energias, aliviando nossas necessidades. Que cada um imagine como é, mas vou alertando que não é da maneira que os encarnados fazem, por isso não deixem suas mentes criarem pensamentos perniciosos, porque o que fazemos é de maneira sutil e amorosa. Também aprendi que dessa forma posso fazer trocas de energias com outros Guardiões sem ser o Leon, não precisando mais ficar contrariada ou constrangida.

A separação de Leon não foi fácil; aliás, nunca é fácil se despedir de quem se ama.

Voltamos cada um para os seus afazeres. O meu amado foi se encontrar com o grupo de Guardiões e Magos que sustentavam a Paz no plano inferior localizado no espaço do Grande Círculo Luminoso do Oriente, pois de lá muitos espíritos evoluídos participariam da nova religião.

Quanto a mim, voltei ao meu Vale dos Assexuados.

Havia muito o que fazer, os espíritos do Vale necessitavam de orientação. O que eu fazia sempre que possível, revezando-me em auxiliar suas evoluções, elucidando as coisas do Alto do Altíssimo, como por exemplo o motivo de estarem ali, a caminhada que precisavam seguir, de que nada adiantava se revoltarem, pois só atrasariam mais suas recuperações. A cada explanação, sempre terminava com uma singela prece ao Divino Criador e a cada término, sempre ocorriam melhoras na maioria dos espíritos ali reunidos. As melhoras sempre foram na fé dos irmãos que conseguiam entender melhor o que haviam feito e transmutavam o seu íntimo, voltando seu Amor ao Divino Pai Criador e aprendendo a Amar o seu próximo como a si mesmo. Como era muito raro conseguir realizar essas orientações, pois muito trabalho eu tinha, percebia que mesmo assim, quando bem explicadas as causas e conseqüências; que tudo o que nos acontece é conseqüência de virtudes ou erros cometidos, as lições perduravam e se faziam integrar em suas ordens morais e mentais.

Capítulo 26

Assumindo o Grau de Pombagira

Com o passar dos tempos, eu, como Guardiã de mistério nos níveis inferiores, parei aos poucos de "rezar" e comecei a interagir com todos os meus iguais.

Uma vez por mês eu auxiliava e respondia aos homens da tribo da qual naquele dia libertamos aquela jovem do sacrifício. Esclarecia suas dúvidas. Comecei a realizar alguns "milagres" referentes à concepção de jovens apenas quando acontecia um relacionamento seguro e durável. Ajudei-os referentes a assuntos de prosperidade na agricultura. Ordenei a inclusão das mulheres ao culto à natureza, culto esse realizado aos pés de uma linda cachoeira de águas cristalinas, rodeada de uma mata exuberante. Aquele povo antes torturado, amedrontado com deuses cruéis, tornou-se em pouco tempo uma tribo amistosa, próspera, feliz e, acima de tudo, sua fé inabalável ao Divino Criador aumentou, porque além de mim outros Guardiões também fizeram suas "incorporações" e começaram a nos chamar de Exus e Pombagiras. No início achei estranho e chamaria suas atenções para não me nomearem assim, mas Lylibel, sempre atenta, mostrou-me que era natural esse nome e que eu estava bem desatualizada com essas determinações.

Muitas coisas estavam mudando.

Há muito tempo não encontrava e não ouvia falar da Rainha. Em nossas reuniões estava sempre ausente, ninguém sabia dela. A única coisa que escutávamos era que estava obedecendo ordens de sua Senhora nos domínios do mar.

Já realizávamos reuniões em meu Vale dos Assexuados e conseguia receber Hagashor e Megahon sem muitas discussões. Só Leon que não podia aparecer sempre, por seu envolvimento com o Grande Círculo Luminoso que o atarefava bastante.

Cada uma de nós, as Guardiãs, andávamos sempre com auxiliares; preferimos esse termo a escrava, pois eram leais e dariam a vida por nossa causa.

A minha auxiliar, que não se afastava mais de mim, era a Rosa. Lylibel e Jezebel também eram acompanhadas por suas fiéis servas.

Vez ou outra lutávamos contra hordas do baixo astral, sempre espíritos negativados e possuídos de uma fúria bestial contra a Luz. É lógico que servíamos à Luz mesmo sendo à sua esquerda e ganhávamos às vezes com facilidades, outras com bastantes dificuldades. E sabem qual era a nossa maior arma? A Fé e o Amor ao Divino Criador Olorum, que faziam com que ganhássemos encontrando sempre a maneira mais sábia de levar a Luz e a Paz onde estava se originando o caos.

Houve um tempo em que não sei o porquê, muitos espíritos resgatados por mim já haviam esgotado os seus negativismos e não havia motivo de ficarem no Vale dos Assexuados, e muitos irmãos do Vale também começaram a ascender para esferas mais luminosas e assim precisava da ajuda do amado irmão Lúcius Tibério, que nos ajudava sem descanso, pois, se não era para mim a ajuda, era para alguma outra Guardiã ou para aqueles que ele mesmo resgatava em suas jornadas ao plano inferior. Em um dia desses, ele me convidou para retornar à Colônia do Amor Maior à Vida e, sem titubear, aceitei de imediato. Reencontrei alguns irmãos socorristas.

— Meu irmão Lúcius, como é tranqüilo e harmonioso aqui.

— Sim, Ane, aqui presidem a Paz e o Amor de nosso Amado Pai Maior.

— Será que posso ir até a fonte de águas cristalinas?

— Claro. Fique à vontade, imaginava que pediria para retornar à fonte que tanto a inspira.

— Como sabe disso, se apenas uma única vez a contemplei?

— Há certas coisas que não é possível esconder. – e Lúcius me deixou à vontade para que contemplasse a fonte o quanto fosse preciso.

De frente à fonte, não hesitei e a toquei para que minhas mãos sentissem a pureza das suas águas cristalinas, mornas e refrescantes, conforme a necessidade de cada um que a tocasse. Senti que alguém se aproximava, virei-me rapidamente e reparei que assustei Thomas, que me espionava.

— Desculpe, Ane Marie, não queria assustá-la.

— Por que sempre me vigia quando estou aqui? Por acaso tem receio de que faça algo indesejado?

— Não é nada disso, peço que me perdoe.

— Thomas, desde a primeira vez que o conheci aqui na Colônia percebo que há alguma coisa que nos liga.

— Sim, é verdade.

— Então por que não diz de uma vez por todas, pois de charada eu não sou boa.

— Você já foi minha amada mãe, junto com Leon, meu pai, e até hoje os amo e respeito muito.

— Gerard... é por isso que Leon sempre o abraça carinhoso e fala ao seu ouvido... – as lágrimas vieram em abundância – você era meu pequeno filho Gerard, sempre tão amável, solícito, uma mãe não podia querer filho melhor do que você. – abracei meu amado filho, que reencontrara como um adulto lindo, forte e socorrista, trabalho este de espíritos abnegados e eu que achava ser ele saliente. Realmente tinha de aprender muito antes de pré-julgar as pessoas. Como fui tola. Conversamos muito sobre aquela época, do que ele estava fazendo, e descobri que virara um socorrista para me encontrar e ajudar.

— Só tenho de agradecer ao Amado Pai Incriado por ter ao meu redor espíritos boníssimos e fiéis. Não sei o que seria de mim sem vocês. Como suportou os meus ataques? Eu fui realmente péssima em julgar o seu Amor por mim.

— Não há o que desculpar, o seu caminho se tornou diferente do meu, era natural desconfiar de qualquer um depois do que passou.

— Filho, me perdoe, não o identifiquei e apenas o julguei mais um a querer o meu corpo. – ajoelhei aos seus pés e no mesmo instante ele me levanta e abraça apertado, sentia por ele o Amor de mãe renascer em meu peito, o Amor sem preconceitos. As lágrimas caíam de nossos olhos e se fundiam, tornando-se pérolas. Senti um calor reconfortante e, ao abrir os olhos, vi a querida mãe Oxum, onde ali mesmo tinha visto e conversado sem saber quem era ela. Automaticamente, eu e Thomas nos ajoelhamos e tocamos a cabeça no solo.

— Filhos meus, levantem para que eu possa abraçá-los e compartilhar esse Amor dos dois.

— Desculpe, Senhora, por aquela vez; eu não sabia me portar e nem quem a senhora era.

— Filha, rosa de meu jardim, acontece que quando venho aqui gosto de ver meus filhos como são. Trabalhadores, gentis, altruístas e também consolo os filhos que, desequilibrados, não conseguem ver a beleza da existência que o Pai Amado nos concedeu.

— Mãe, fico grato pelo seu acolhimento; agora já posso abraçar novamente a mãezinha que tanto me amou quando encarnado e por vontade do Pai Maior me deixou pouco tempo, mas foi precioso o que compartilhei na existência encarnada como filho de Ane Marie.

— É de fato curioso como Gerard, agora Thomas, se lembra saudoso de um período curto, porque quando ocorreu a tragédia ele não tinha seis anos de vida, ainda era meu pequeno garoto que brincava com os irmãos pequenos.

— Mas foi o amor de mãe que transmitiu a ele que fez com que ele nunca esquecesse, ensinamentos básicos de uma vida voltada a Deus, suficiente para evoluir, mas quando desencarnou, Ane, você perdeu tudo se revoltando.

— Agora entendo tudo. Sofri com a desventura de meus filhos pequenos e com a minha morte estúpida. Hoje sou um espírito querendo aprender e melhorar, seguindo a Seara do Senhor Pai Incriado, mesmo que seja à sua esquerda.

— Estarei sempre por perto, minha mãezinha.

— Só que não é justo continuar aqui no baixo astral sendo que já me encontrou e ajudou, filho meu.

— Ao seu lado e de meu pai Leon nunca estarei em local errado; além do mais, aprendi muito aqui com o Lúcius, que sempre me amparou e amou como a um filho.

— Filhos amados, entendo que as recordações são sinceras e afetuosas, mas quero levar Ane Marie à presença de uma Mãe Oxum Maior que a está solicitando. Depois terão a eternidade para trocarem afetos de mãe e filho.

— Que seja feita a vontade da nossa Mãe Oxum. – disse isso e, no mesmo instante, estava de frente a uma Mãe Oxum Maior, que me ergueu do solo, abraçou carinhosamente, afagou meus cabelos e falou-me ao ouvido quase como uma melodia.

— Amada filha do meu Amor, minha rosa mais dileta e formosa, observo todo esse tempo que está evoluindo, reaprendendo a usar os seus mistérios com parcimônia e sabedoria. Estamos no plano material sustentando uma nova religião que nascerá no novo continente. Será um resgate dos cultos à natureza, em que Divindades serão cultuadas abaixo do amado Pai Olorum. Você será, junto a outras guardiãs, sustentadora do mistério "Pombagira". Não será muito diferente do que já fazem nos níveis inferiores, porém agora enviarão auxiliares que serão iguais a vocês na aparência para incorporarem nesses rituais quando forem solicitadas, inclusive atendendo a pedidos dos encarnados para ajuda necessária de seus males. Agora estarei a assentando à minha esquerda e peço que assuma o seu grau perante o Trono Feminino do Amor. – em fração de segundos adquiri todo um mistério que foi me presenteado e assumi o meu lugar ao lado esquerdo de Mamãe Oxum, o Trono Feminino do Amor de Deus.

— Poderá e deverá utilizar seus outros mistérios concedidos por outros Pais e Mães Orixás. Guardiã do Amor em Evolução, será preciso escolher um nome para se apresentar aos encarnados, reflita e escolha um nome humano como solicitei a outras guardiãs que também farão parte do culto à natureza.

— Siga seu destino e não se distancie do caminho que foi traçado a você. – E, com um leve beijo em meus olhos, voltamos à fonte junto ao querido Thomas.

— Querido filho, sei que há pouco relembrei nossa ligação e creia que jamais o perderei de novo, só que, melhor do que eu, sabe que preciso voltar ao Vale dos Assexuados, pois muito trabalho me espera.

— Eu sei, minha mãezinha, siga em paz com as Luzes do nosso Amado Pai Olorum, estarei sempre a elevar meus pensamentos a Ele por meus pais amados, você e Leon.

— Até breve, meu pequeno Gerard. – Beijei seus olhos e já ia volitando para o Vale quando percebi que a Mãe Oxum do Coração ali presente queria falar.

— Mãe, sinto que precisa falar comigo.

— Sim, minha rosa do Jardim de nossa Mãe, quero pedir-lhe que troque o nome do seu Vale agora que tudo está bem melhor.

— Se é um pedido seu, minha mãe, peço-lhe que então dê um nome para ele.

— Vale dos Amores Perdidos, porque você está fazendo com que todos encontrem seu Amor pelo Criador e ninguém melhor do que você para ajudar a encontrá-Lo, assim todos que estiverem com o seu Amor perdido poderão reencontrá-lo em seu Vale e deixar o desamor, a perdição para trás e novamente possuir a certeza de que o seu Amor pelo Pai Criador se fortaleceu e frutificou, sendo distribuído a todos sem distinção.

— Obrigada, minha Amada Mãe. Será difícil deixar de chamá-lo como Vale dos Assexuados, mas tentarei mudar.

— Não tente, minha amada filha, se peço para que altere o nome é porque todas às vezes que observei seu Vale não encontrei um espirito sequer assexuado do Amor Incondicional, pelo contrário, todos sentiam o seu Amor por Ele e fazia demonstrar o Amor do nosso Pai Maior por meio de você, minha pequena flor, por isso repito: não tente, faça acontecer o que você é capaz de realizar. – emocionei-me com as palavras da amada Mãezinha, minhas lágrimas escorriam quentes pelo meu rosto.

— Filha, veja como o Amor brota de seu intimo, como a rosa mais linda do canteiro de Pai Olorum, suas lágrimas estão douradas e cintilam de alegria ao presenciarem sua devoção ao Amado Pai Incriado.

— Mãe, se choro de alegria é que há tanto tempo não me sinto útil, correta, e as suas palavras fazem o meu coração bater mais rápido, se isso é possível, com suas palavras sinto que meu corpo vai explodir em erupção. Não sei se já mereço tanta confiança de sua parte, minha amada Mãezinha.

— Claro que merece, ou não sou eu que vejo quantos espíritos já esgotados de seus negativismos você traz para essa Colônia socorrista?

— Sinto-me em débito muito grande, quase que incorrigível com o Pai Amado. Às vezes acredito que se pudesse faria tudo diferente do que faço, mas quando vejo já é tarde e fiz as coisas da minha maneira, sem seguir normas ou padrões.

— São essas maneiras que a fazem diferente, pois creia-me que você é filha dileta de muitos Pais e Mães Orixás, inclusive daquela em que acredita não ser merecedora nem de visualizar seus pés.

— Bem, minha Mãe, não gostaria de relembrar isso, ainda não consigo me perdoar pelo que fiz e sei que só poderei visualizar a Senhora Nanã Buruque quando pagar meu saldo com Ela.

— Esta certo, Ane querida, pedirei ao Pai Maior que a cubra com suas bênçãos e alivie seu coração apertado de tristezas e remorsos.

— A sua bênção, minha amada Mãe. – despedi-me da amada Mãe Oxum do Coração e volitei ao Vale dos Amores Perdidos, pois realmente só aparecia por lá quem tivesse perdido o Amor de toda as maneiras, tornando-se assexuado pelo Amor Divino.

Capítulo 27

O Nascimento de uma Nova Religião

Continuei a minha tarefa de atender à pequena tribo, que prosperou em todos os sentidos, a fé se fortaleceu, as riquezas espirituais vertiam puras, a consciência ao valor da natureza era incontestável para aquele povo que outrora fora manipulado por forças obscuras.

A responsabilidade crescia junto com o trabalho conforme os Mistérios iam sendo ganhos e absorvidos por mim. Mas não podia reclamar, quanto mais responsabilidade, mais trabalho, mais espíritos eram resgatados da escuridão. Estava servindo ao Pai Incriado e era tudo o que queria.

Já não tínhamos mais tanto tempo para nos reunirmos. Estava cada vez mais difícil nos encontrarmos, cada uma de nós respondia a um Mistério e os deveres tinham de ser cumpridos perante os Senhores Guardiões que confiaram a tarefa de sermos manifestadoras do culto ao Mistério Pombagira. Já éramos muito conhecidas no novo continente, um país novo em que nos cultuavam com muita freqüência. Eles não se diferenciavam dos povos da África, nos quais já estávamos habituadas a ajudar, só que neste país, Brasil, esse mesmo povo não era liberto, tornou-se escravo de homens com pele branca, homens que se diziam senhores e não percebiam que os escravos eram eles, escravos das suas próprias ambições, egoísmo, intolerância. Muitos desses homens permaneceram presos por milênios incontáveis com suas carapaças negras incorporadas em seus espíritos atrasados na evolução do Amor Divino.

Quero ressaltar que até hoje em dia temos no mundo dos encarnados espíritos ressequidos do Amor, da Vida divina, que não aprenderam e parece que não querem aprender que a nossa existência no mundo como pessoas encarnadas é apenas no desejo do nosso Amado Pai Criador de evoluirmos, melhorarmos, sermos justos e gerarmos de nosso íntimo a pureza da Divindade Vida, a Divindade que todos se esquecem de saudar, a Divindade que com o sopro do Senhor Deus nos faz sermos o que somos: "filhos amados do Senhor Criador", que deveriam amar a todos como irmãos, aprendendo juntos a evoluir e poder novamente retornar ao Criador como filhos dignos e coesos, mas, ao contrário, preferem ser vingativos, destruidores, preconceituosos, enfim, experimentam todo o sentido negativo da Vida e mesmo assim, não se contentando, voltam e retornam ao mundo dos encarnados sem aprender nenhuma lição. É por isso que vemos ainda hoje tantos espíritos escurecidos galgando lugares na sociedade, criando suas seitas e arrebanhando seus fiéis na escuridão, só assim podendo resgatar todo espírito atrasado para o mesmo destino: o seu lugar merecido nas esferas inferiores, e só assim conseguindo de uma vez fazer um grande número de espíritos pagarem ao mesmo tempo seus negativismos cármicos. Por que usar um Mistério Divino, Exu e Pombagira, para dar sentido errado às suas mazelas humanas? Só faz com que acreditemos que todos esses são merecedores de sentirem o valor do sofrimento de esgotarem seus negativismos em esferas negativas preparadas para recebê-los. Mas sabemos que muitos, mesmo assim, não aprendem, retornando e fazendo tudo novamente. É triste ver que muitos acreditam que para ser amado pelo Amado Pai Maior é obrigado a contribuir com quantias em dinheiro, que muitas vezes fazem falta para o pão dos filhos, para serem aceitos no Céu, mas que céu é esse que exige riqueza material? Que céu é esse que exprime a vontade dos seus líderes de enriquecerem materialmente e demonstrar como se fosse isso o que o Senhor Pai Amado deseja? Assim, só estarão comprando o céu que eles próprios estão construindo: um céu de cobiça, egoísmo, traição, mentiras, falsos testemunhos...

É melhor eu parar de falar porque, desde que foi dado aos espíritos humanos o direito à dualidade e ao livre-arbítrio, todos em sua maioria, porque eu me incluo nesse caso, não resistimos à tentação do errado e assim caímos em nossa evolução. Então fica e será difícil não termos mais espíritos desejosos de conhecer o lado negativo da evolução humana.

Voltando à história, na África havia o roubo de humanos para o cativeiro. Praticamente todas as tribos que protegíamos foram violentadas. Tentamos ao máximo atrasar o infortúnio de vermos nossos protegidos na escravidão. Eu mesma orientei para que a tribo adentrasse as matas, mas foi tudo em vão. Quando está no plano Divino que há a necessidade de transformações, elas acontecem, sendo boas ou não. Podem acreditar, mas a evolução também se faz com tragédias, pois nessas mesmas tragédias muitas coisas são aprendidas.

Sabíamos que uma grande mudança estava por vir.

Enquanto no continente negro o povo era violentado, separado de suas famílias e mortos, no continente novo não era muito diferente para o povo negro, porque no Brasil eles também estavam sendo separados de suas famílias, as mulheres violentadas, muitos sendo mortos de exaustão, fome ou a chicotadas. E o homem branco, crente de seu poder, enriquecendo à custa do suor de seus irmãos negros, mas que tinham a alma mais branca do que seus senhores.

Muitos iniciados nos cultos de Nação começaram a identificar os Orixás com Santos católicos, no que resultou em aceitação dos senhores brancos.

Havia pedidos de liberdade, resignação, justiça, de fortalecimento da fé, porém muitos se rebelaram e, revoltados, pediam a destruição, a ruína, a morte dos tais senhores.

Foi um período difícil, de instabilidade na religião.

Resolvemos nos reunir. Já havia tempo que não conversávamos sobre como cada um estava.

Percebi que muito estava mudado. Sentia-me mais senhora da realidade em que vivo, evoluí nos manejos de meus Mistérios. Não sentia mais raiva ou intolerância quanto a certos Guardiões, agora já os respeitava e admirava-os com tudo que escutava sobre eles no astral inferior.

Fiquei contente em saber que veria novamente a Rainha, o encontro seria em seus domínios, no Recanto do Amor Divino.

Dessa vez fui a última a chegar, todos já estavam reunidos, mas o lugar da Rainha estava vazio. Olhei ao redor e identifiquei as sete Guerreiras, Jezebel, Lilybel, Madeleine, Hagashor, Megahon, inclusive meu amado Leon, e outras Guardiãs também presentes.

— Boa noite, meus irmãos, vejo que chego em boa hora, pois a Rainha ainda não se faz presente.

— Não acredito que não saiba, Guardiã desatualizada, que hoje somos apenas nós. – Megahon estava inquieto e Hagashor só dedicou um olhar de despeito.

— O que eu deveria saber? Se não sabem, estou trabalhando muito com os encarnados, e o Vale está sempre abarrotado de espíritos necessitados de atenção.

— Ane, minha querida, todas estamos atarefadas, e com certeza a ausência da Rainha é devida à sua encarnação no plano material.

— Como pode isso? O que aconteceu para que a nossa Rainha precisasse voltar ao corpo físico? – fiquei abalada, era por isso que Negrão e Rajado não estavam lá para me irritar, era por isso que todos estavam concentrados em não demonstrar suas preocupações e tristezas.

— Quer que eu explique como é possível, Guardiã desmiolada? – agora Hagashor atirou o seu fel contra mim. – Tudo é difícil para você.

— Hagashor, hoje por favor não, a Rainha é muito estimada por mim, não haveria de ser diferente. Isso me pegou de surpresa.

— Ane, para todos está sendo difícil de acreditar que a Rainha aceitou voltar à carne.

— Então ela fará coisas importantes.

— Não, querida Ane, na verdade ela voltou para poder ser o Amor e a razão de viver do companheiro amado dela. Sempre foi assim: ela sempre está por perto e é dessa forma que cumpre o seu destino. – Leon por fim abraçou-me e carinhosamente limpou minhas lágrimas que já teimavam em cair. – E não adianta, ninguém contará quem é o Amor da Rainha, se for permitido, na hora certa saberá!

— Comecemos a reunião – liderou Lilybel, a nossa Rainha entre as Bombogiras –, quanto mais nos demorarmos será pior para atendermos a tudo que precisamos resolver.

— Como vocês já sabem, será preciso termos pulso firme, atitudes coesas e muita fé e confiança nos Senhores Orixás. Nossos Pais e Mães estão confiantes em nós para que possamos ajudar a instalar a nova religião conforme a vontade do Pai Maior. O nosso maior cuidado tem de ser com os inimigos da Luz. Temos orbes inteiros destinados a paralisar as ações mediúnicas.

— Novamente lutaremos com os inimigos da Luz para que cessem as maldades. Só que dessa vez são focos que perseguiremos.

— Focos, como? Explique-se melhor. – Madeleine e Jezebel estavam muito atentas. – Sabemos que muitos encarnados estão sendo influenciados a fazer mau uso dos Mistérios da nova religião que está por vir, e já sabem quem está por trás disso?

— Quem mais poderia ser? Esse ser das Trevas sempre luta contra a Fé em novas e também velhas religiões; enquanto houver os fracos da Fé em Deus, a ilusão se fará presente.

— Mas não entendi, por que focos?

— É que dessa vez Ele aliciou muitos "escravos" de sua ilusão. – Leon se pôs a contar muitas outras coisas que aqui não é possível abrirmos para os encarnados. – Portanto, se planejarmos direito e unirmos nossas forças, conseguiremos acabar com esses pequenos focos iludidos de poder divino.

— Um dia, quem sabe, poderemos ver a religião segura e confiante, com adeptos luminosos espalhando o culto aos Orixás.

— Será o resgate de uma época iluminada, quando haverá novamente a simbiose entre a natureza e os espíritos encarnados.

Era um sonho para todos ali poderem rever, mesmo que do nosso lado etéreo, a magnitude da relação Homem–Natureza. Quando o Homem se liga harmoniosamente com a Natureza é possível contemplar um elo de cor luminosa ao seu redor.

Um tempo difícil passamos após a reunião.

Trabalhávamos para que o homem branco não intimidasse nossos médiuns em transformar uma combinação do culto da nação, a pajelança dos índios e a identificação dos Santos católicos na mais nova e fundamentada religião Umbanda. Uma religião nascida no novo continente, como diziam, nascida na terra dos índios, que já possuíam grandes mistérios fundamentados na natureza, uma religião que traria em seu meio nomes de santos da igreja, sempre tão contrária a novos conceitos religiosos, mas que já estava constante e forte no mundo todo com os ensinamentos do Senhor Jesus Cristo, e somado a esses dois ícones importantes, mais um tão relevante quanto os outros, o amparo dos Senhores Pais e Mães Orixás baseados nos cultos de nação vindos da África.

Outras reuniões foram feitas, todas sempre almejando a construção sólida da nossa Umbanda. A verdade é que no início do século XX, mais precisamente em 1908, um jovem rapaz começou a incorporar espíritos iluminados que traziam a palavra da Umbanda e seus ensinamentos.

Houve muita euforia, o que havíamos trabalhado por tanto tempo estava se concretizando. Aos poucos, em pequenos espaços, muitos nas próprias casas de seus médiuns, estavam manifestando os guias luzeiros da Umbanda: Caboclos, Pretos-velhos, Erês, Marinheiros, Boiadeiros, Baianos, Exus e Pombagiras, orientamos, abríamos caminhos, curamos, quebramos demandas, sem pedirmos nada em troca, e quando solicitávamos alguma coisa era para o próprio benefício do encarnado necessitado, pois sem a "oferenda" não é desfeito o que há muito estava amarrado.

Passamos muito tempo auxiliando os encarnados após aquela reunião em que unimos nossas forças e iluminávamos aqueles que tentavam escurecer o propósito do Pai Criador em gerar e fortalecer a Umbanda.

Todos estavam empenhados em consolidar a religião do culto à Natureza. No íntimo de cada um havia a preocupação de que nenhum de nós perecesse perante os Senhores trevosos, então sempre fazíamos e continuamos fazendo reuniões cada vez em domínio diferente para unirmos forças.

Capítulo 28

Informações Importantes

Mas a vida tem de continuar, a evolução não pode parar e sempre desejamos aprender mais, resgatar erros passados.

Enquanto tudo isso acontecia, junto com Thomas, localizei meus outros dois filhos da época que reencarnei na França e tive aquela queda brusca. Com a graça de Deus Pai e a ajuda de Thomas e Lúcius, eles continuavam no caminho da Luz: um estava encarnado seguindo a doutrina espírita e o outro estudando para ser um bom médium umbandista. Thomas hoje é um socorrista, liderando um grupo de trabalhadores no resgate de irmãos necessitados de Luz no astral inferior. Lúcius Tibério, espírito altruísta e iluminado, dirige a Colônia do Amor Maior à Vida, mas sempre está disponível quando necessitamos da sua ajuda e nunca deixou de amparar e socorrer sequer um irmão já esgotado em seu negativismo cármico e já apto a seguir os caminhos de Luz.

Como é gratificante você poder aprender junto a irmãos abnegados, porque se pensam que é fácil resgatar espíritos sofredores para a Luz, estão enganados. Muitos desses espíritos não aceitam o socorro e outros querem aproveitar de sua bondade, querendo conseguir beneficio sem merecimento algum.

Com a Rainha encarnada, visitava sempre que podia o Recanto, que estava sob a proteção e os cuidados das sete Guerreiras, e sempre me refugiava na Fonte dos Desamados. Para quem na primeira vez dissera que nunca mais iria vê-la, estava sempre que podia, vertendo também um pouco de minha tristeza quanto aos irmãos iludidos das trevas, os espíritos que muitas vezes havia a necessidade de punir. Só ali entendia por que Hagashor e Megahon preferiam ser monstruosos e indiferentes, porque de outro modo não agüentariam punir aqueles que caíam em seus domínios. Sim, como Guardiã solicitei o direito de auxiliar os caídos que encontrasse em meu caminho, como a Rainha, Lilybel e Jezebel faziam, mas também tinha o dever de punir aqueles que exerciam o poder de manipular o Amor, de abreviar uma vida como o ato do aborto, e esse mesmo ser, com paciência e Amor, fazê-lo elevar-se para outras esferas, ou pelo menos ser um bom auxiliar nas trevas.

Talvez haja a curiosidade de por que não contei sobre a punição dada por uma Guardiã nas trevas, como não mencionei as punições de outros Guardiões, porque não quero mostrar o lado em que sofremos por punir, demostrando como o negativismo daquele filho de meu Pai tem de ser esgotado e muitas vezes a necessidade é que seja esgotado da mesma forma em que errou: no sexo, nas vibrações negativas, nas condensações energéticas saturadas de luxúria, soberba, ódio, ou seja, é punindo os seres humanos que não respeitam seus semelhantes e negligenciam o sentimento Amor, mas a intenção não é contar os castigos e que cada um faça por merecer viver na Luz da Pai Criador sem passar por sofrimentos como eu e muitos até de vocês já passaram.

Com a Umbanda, começamos a ajudar na melhoria dos relacionamentos de casais, na concepção de filhos, no distanciamento de pessoas mal intencionadas, em uma relação unilateral. Nunca permiti solicitações para o mal, só quando a Lei Maior exigia que aquela determinada pessoa com o sofrimento pudesse se regenerar e mudar a sua evolução, pois está com certeza se desvirtuando do Caminho do Divino Criador, mas para quem acredita que isso está errado, fique certo de que para esse mandante o castigo estará por vir, cairá com certeza em meu domínio ou de outros Guardiões e nada será fácil ou bonito para ele. Lembrem sempre: quem com ferro fere, com ferro será ferido; quem deseja da Pombagira algo errado, desejará nunca tê-la conhecido. Então, quando estiverem à frente ou mentalmente deixarem transparecer seus desejos a uma Pombagira, não se esqueçam de que o desejo pode virar pesadelo.

Começamos a trabalhar muito e com o tempo muitas auxiliares estavam incorporando em médiuns em todo o Brasil. Muitas médiuns incorporam o meu mistério; eu, Ane Maire, não incorporo em todas as médiuns, seria impossível, por isso as auxiliares são aptas a se apresentarem como eu, elas plasmam a minha vestimenta, até a minha forma, e todas são as Pombagiras do Amor em Evolução. Todas respondem por Senhora Rosa do Lodo. As Senhoras Pombagiras Rosa do Lodo, como as Senhoras Rosa Helena, mistério da Rainha Bombogira Lilybel, e Senhoras Damas da Noite, que respondem ao mistério da Jezebel. Madeleine, com seu esforço e amadurecimento, alcançou seu grau de Guardiã e mereceu assumir e reger um mistério também, hoje encontramos incorporações de Pombagiras Senhora Rosa Luzia.

As sete Guerreiras não incorporam na Umbanda, como elas mesmas dizem: “Há a necessidade de espíritos guerreiros de ajudarem a Umbanda nos sete sentidos do Amor e, unidas, fazemos o trabalho de defesa, de socorro e guerreamos para o êxito de milhares de médiuns que dentro da Lei Maior trabalham de maneira honesta pelo seu próximo”, e, não incorporando, elas aceitam auxiliar a muitos mistérios Pombagiras de uma única vez.

Hagashor e Megahon assumiram seus mistérios Guardiões como Senhor Exu Lodo do Cemitério e Senhor Exu Cobra Negra, respectivamente. Vale lembrar que os Exus Lodo do Cemitério não sorriem de forma alguma quando incorporados em seus médiuns.

O meu querido Leon, também um Guardião, assumiu o seu mistério e tem sua representação com os Senhores Exus do Ouro.

Sobre a Rainha? Que ela possa seguir sua caminhada pela Seara de Luz do Pai Criador sempre com êxito e generosidade, doando muito Amor divino, ela está sempre acompanhada de Rajado e Negrão... – nunca deixamos de ampará-la e amá-la por ser quem ela é. Ah! Sim, hoje eu sei quem é o seu Amor, mas a vocês não contarei.

Lembrem-se que quando solicitada, auxilio no Amor verdadeiro, afastando todo e qualquer amor falso, bisbilhoteiro, egoísta; então, quando a mim solicitado um Amor, só levarei em consideração o Amor verdadeiro. Se as moiçolas pedirem que arranje um casamento por interesses, podem esquecer, porque sempre decanto o Amor interesseiro e faço evoluir o Amor Puro. Não acreditem que só porque querem, aceito e vou unindo por unir. Agora quando o Amor é puro, o casal se beneficiará com o seu Amor verdadeiro; aí então, com a permissão do Alto do Altíssimo, ajudo para que fiquem unidos e o seu Amor prospere.

Ah!.... se eu já abracei minha Mãe Nanã Buruquê? Sim, depois de muito esforço em ajudar e doar o meu Amor aos irmãos do Vale dos Amores Perdidos e muitos outros, tive uma imensa alegria em poder contemplar, abraçar, escutar sua voz melodiosa, ser acalentada em seus braços e saber, por fim, que sempre me Amou, apesar das besteiras que fiz.

Inclusive meu nome, que todos conhecem como Senhora Rosa do Lodo, foi por causa das duas mães que sempre me acalentam quando necessito de um colo: Rosa, porque minha Mãe Oxum do Coração sempre me chama assim, e sinto que como a uma rosa desabrochei em minha vida desencarnada; Lodo, por causa de minha Mãe Nanã que decantou todo o lodo de meu espírito eterno.

Nada como decantarmos as impurezas de nosso coração e deixar evoluir o Amor Divino.

E só assim, com muitas lutas, confiança, desejo de vencer, Amor e Fé ao Divino Criador Olorum, consegui com o tempo perceber que no Vale dos Amores Perdidos estava o meu Trono, e hoje ainda luto por trazer à Luz todos os graus de meu Trono Sagrado.

Dessa maneira, contei a vocês, meus irmãos, o meu desabrochar como Guardiã do Amor em Evolução. A história de Ane Marie, a Senhora Pombagira Rosa do Lodo, que decanta o amor viciado, impuro e o faz ressurgir em Amor Divino em Evolução.

Este livro foi composto em Times New Roman, corpo 11/12.
Papel Offset 75g
Impressão e Acabamento
Hr Gráfica e Editora – Rua Serra de Paraicana, 716 – Mooca– São Paulo/SP
CEP 03107-020 – Tel.: (011) 3341-6444 – e-mail: vendas@hrgrafica.com.br